AF363488

# LUDOVIC LEGRÉ

## UN PHILOSOPHE PROVENÇAL
## AU TEMPS DES ANTONINS

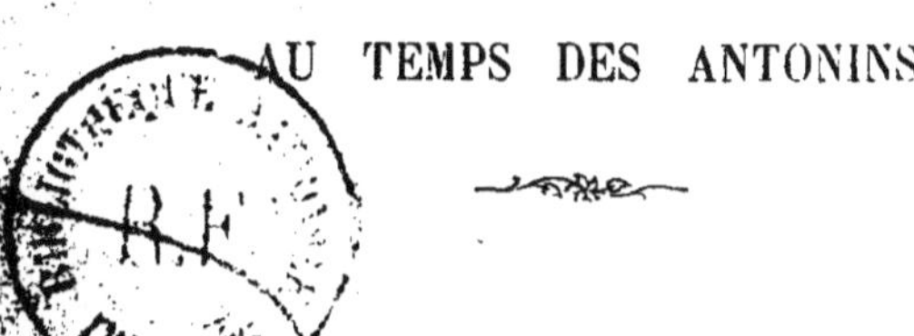

# FAVORIN D'ARLES

### SA VIE — SES ŒUVRES — SES CONTEMPORAINS

MARSEILLE

AUBERTIN ET ROLLE, LIBRAIRES-ÉDITEURS

rue Paradis, 34

1900

# FAVORIN D'ARLES

# LUDOVIC LEGRÉ

## UN PHILOSOPHE PROVENÇAL
### AU TEMPS DES ANTONINS

# FAVORIN D'ARLES

SA VIE — SES ŒUVRES — SES CONTEMPORAINS



MARSEILLE

AUBERTIN ET ROLLE, LIBRAIRES-ÉDITEURS
rue Paradis, 34.
1900

A MON AMI

# Anatole CARTIER

*Président du Conseil général des Bouches-du-Rhône*

Mon cher ami,

Au cours de ces rendez-vous cynégétiques qui nous ont si souvent réunis sur le riant territoire d'Arles, je vous ai plus d'une fois parlé de mes recherches au sujet d'un Arlésien aujourd'hui oublié, bien qu'il eût, de son vivant, conquis une éclatante renommée. Et je vous disais avec quel attrait et quelle ferveur, ayant passé ma vie à servir — modestement mais passionnément — la cause de la justice, je m'étais attaché à remettre en lumière les titres de gloire de Favorin d'Arles.

En ces derniers temps, des remords m'ont assailli. Je me suis demandé si, m'étant contenté de confier aux discrets Mémoires de l'Académie de Marseille mon histoire de Favorin, j'avais suffisamment rempli envers ce grand homme la tâche réparatrice que je m'étais imposée.

*Fugaces labuntur anni, mon cher Anatole ; je voudrais, avant d'atteindre le terme de ma carrière, obtenir la certitude que les Arlésiens n'ignorent plus l'existence de l'illustre philosophe et se montrent fiers de ce glorieux ancêtre* [1].

*J'ai, dans ce but, résolu de donner à mon œuvre une publicité plus étendue, et d'ouvrir ainsi la campagne à laquelle, — avec toute l'autorité dont vos compatriotes vous ont investi, — vous m'avez promis de vous associer.*

*Irons-nous jusqu'à demander aux Arlésiens d'élever à Favorin une statue de bronze ? Et consentiraient-ils à ne pas faire eux-mêmes autant que les Athéniens, qui décernèrent ce suprême hommage à notre héros, sans attendre même qu'il fût mort ?*

*La ville d'Arles doit, il est vrai, compter avec cet obstacle que nous nommons aujourd'hui, en une langue inconnue d'Athènes,* les nécessités budgétaires.

*Mais le Conseil municipal ne pourrait-il pas, au moins, voter un buste, un médaillon, une simple plaque de marbre ? Et comme*

---

1 *Ancêtre* vous paraîtra quelque peu risqué, en l'état d'une particularité que mon livre ne pouvait pas laisser dans l'ombre, mais nous avons toujours le droit d'employer ce mot au figuré.

première réparation d'une trop longue injustice, donner, sans plus tarder, le nom de Favorin à une place ou à une rue ?

Je fais appel à tout votre zèle, mon cher ami. Les électeurs du canton d'Arles ont eu la bonne inspiration de vous choisir pour les représenter au Conseil général. Et justement, cette année, vos collègues vous ont appelé à l'honneur de les présider.

Vous êtes donc, en dépit de votre modestie et de votre aimable simplicité, un citoyen influent. Soutenue par vous, la cause de Favorin d'Arles triomphera certainement. Et vous m'avez déjà dit combien vous en serez heureux.

Amicissimè

Ludovic LEGRÉ.

# FAVORIN D'ARLES

I

Le règne de Trajan fut l'apogée de la
grandeur et de la puissance romaine. Les
limites de l'empire avaient été reculées presque jusqu'aux confins du monde connu, et
lorsque la paix fut donnée aux peuples,
lorsque la stabilité du système impérial sembla définitivement assurée, cette prodigieuse
activité romaine, dépensée d'abord à conquérir l'univers, ensuite à s'en disputer le
gouvernement, privée désormais du champ
où elle s'était exercée jusque là, se porta vers
le domaine de la culture intellectuelle. La
littérature, en prenant ce mot dans son
acception la plus large, devint la nouvelle

occupation des vainqueurs, comme elle était déjà la consolation des vaincus : jamais elle ne fut autant cultivée, ni plus en honneur. Il faut bien reconnaître que cette universelle ardeur pour les choses de l'esprit ne fit pas éclore beaucoup de chefs-d'œuvre ; mais ceux qu'avaient légués les siècles précédents ne furent en aucun temps ni mieux étudiés, ni peut-être mieux goûtés. On vit alors, sur la scène du monde, les lettrés occuper le premier plan. L'éloquence et la philosophie furent comme les dispensatrices naturelles des grandes charges, des plus hautes dignités, et l'on peut dire qu'elles se trouvèrent investies du pouvoir souverain quand, avec les premiers successeurs de Trajan, elles vinrent s'asseoir sur le trône impérial.

Un homme né sur le sol qui est maintenant celui de notre patrie, un Gaulois, fils de cette *Provincia romana* que nous appelons encore la Provence, l'Arlésien Favorin brilla parmi ces philosophes, ces orateurs, ces lettrés entourés de tant d'éclat. Il fut à la fois écrivain, orateur et philosophe, et il semble qu'il ait parcouru presque tout entier le cycle des connaissances que possédait alors l'humanité. Il avait été le disciple de maîtres illustres et devint à son tour le maître d'illustres élèves. Il écrivit des livres qui firent l'admiration de ses contemporains, et par le nombre, la diversité et le mérite de ses ouvrages, il rivalisa avec Plutarque, dont il fut d'ailleurs le commensal et l'ami. Athènes lui éleva une statue, tandis qu'il vivait encore. Il eut le double et périlleux honneur d'être le favori et d'encourir ensuite la disgrâce de l'empereur Hadrien.

Le fleuve d'oubli n'en a pas moins englouti dans ses flots cette renommée qui fut si grande, et c'est à peine si quelques érudits connaissent encore ce nom de Favorin que de son temps les lettres avaient rendu si glorieux. Quand vint le grand naufrage de la civilisation antique, submergée par la barbarie, les œuvres de Favorin furent emportées, comme tant d'autres, hélas! et rien n'a survécu de ce qu'il avait produit.

Le géographe Étienne de Byzance, et surtout Diogène de Laërte, dans son *Histoire des philosophes*, prononcent fréquemment son nom ; mais c'est pour indiquer qu'ils empruntent à ses ouvrages tel ou tel détail, et s'ils le citent textuellement, ces citations ne sont jamais que de quelques lignes. Le compilateur Jean Stobée qui, vers le IV<sup>e</sup> siècle, composa un *Florilegium* avec des maximes morales ou politiques choisies dans de nombreux auteurs grecs, saint Maxime et Antonius Mélissa, moines du Bas-Empire, auteurs de semblables anthologies, nous ont conservé quelques passages de Favorin ; mais ces extraits sont en petit nombre, et ils n'ont souvent pas plus d'une phrase.

Parmi ceux qui vécurent en même temps que lui ou peu après, et dont les œuvres nous sont parvenues, nous voyons Plutarque lui dédier un de ses traités, et le mettre en scène dans ses *Propos de table*. Galien, philosophe autant que médecin, écrit une longue réfutation de quelques-unes de ses doctrines. Lucien le mentionne à deux reprises. Les historiens d'Hadrien, Spartien et Dion Cassius abrégé par Xiphilin, rapportent des anecdotes qui caractérisent ses relations avec l'empereur. Dans la vaste encyclopédie alphabétique colligée par Suidas au $XI^e$ siècle, une notice biographique lui est consacrée. Mais les détails les plus intéressants sur sa personne et sur son temps nous ont été transmis par les *Vies des sophistes*, de Flavius Philostrate, et par les *Nuits attiques*, d'Aulu-Gelle.

Philostrate, rhéteur de la seconde moitié du $II^e$ siècle, avait enseigné l'éloquence à Athènes, puis à Rome où il fut le favori de l'impératrice Julia Domna. Il est un peu décousu dans ses récits, quelquefois peut-être un peu trop crédule, ainsi qu'il apparaît de son histoire du célèbre thaumaturge Apollonius de Tyane; mais il a aussi tout le charme de la naïveté; et comme il déclare qu'il a fait appel aux souvenirs d'hommes qui avaient connu la génération précédente, il nous donne sur les orateurs célèbres de cette époque de précieux renseignements.

Le livre de Philostrate nous montre le rôle que joua Favorin dans la Grèce et dans l'Asie-Mineure. Nous verrons dans celui d'Aulu-Gelle quels furent à Rome son existence, ses enseignements et son autorité.

Aulu-Gelle avait été le disciple, l'ami et l'admirateur de Favorin. Aussi dans cette compilation, cette sorte de pot-pourri, dirions-nous volontiers, qu'il a intitulée les *Nuits attiques*, cahier où il note sans ordre, au jour le jour, ce qu'il a lu ou entendu de remarquable sur les sujets les plus divers, il nomme souvent Favorin, et toujours en des termes où éclatent une vive affection et une admiration sans réserve. S'il ne cite rien de ses œuvres originales, du moins il rapporte de longs discours ou dissertations qui ne permettent pas d'apprécier le style, car c'est Aulu-Gelle qui rédige ce qu'il a entendu, et rédige en latin ce qui, le plus ordinairement, a été dit en grec. Mais ces fragments suffisent pour faire juger des doctrines du philosophe, des idées du moraliste, de la science et du goût de l'érudit et du lettré.

En réunissant avec soin ces documents épars, il nous a semblé qu'il serait possible de remettre en pleine lumière cette figure presque oubliée. Nous l'avons tenté, sous l'impulsion d'un sentiment d'amour-propre national, puisque, à travers les âges, Favorin fut notre compatriote.

On ne pouvait pas étudier la vie d'un homme qui tint parmi ses contemporains une si grande place, sans étudier aussi le siècle où il vécut. Et ce qui faisait justement le charme d'une telle étude, c'était de nous transporter, de nous faire vivre, en quelque sorte, au milieu de l'époque sans contredit la plus brillante de la civilisation romaine. Il nous sera difficile de faire passer dans ces pages tout l'intérêt que nos recherches nous ont fait éprouver: elles auront au moins le mérite de n'être qu'un extrait consciencieux et fidèle des témoignages antiques patiemment recueillis.

II

Favorin était né, dit Philostrate, « chez les Gaulois de l'Occident, dans la ville d'Arles, qui est située sur les bords du Rhône [1]. »

Arles ne brillait pas encore de toute la splendeur que lui donna le règne de Constantin. C'était néanmoins une ville importante. Elle avait pu, au temps de César, construire sur ses chantiers douze vaisseaux longs, nécessaires pour le siége de Marseille [2]. Strabon signalait l'étendue de son commerce [3]. Le père de Tibère, envoyé dans la Gaule pour y conduire des colonies, en avait établi une à Arles [4]. Pomponius Méla l'ins-

---

[1] Ἦν μὲν γὰρ τῶν ἑσπερίων Γαλατῶν οὗτος, Ἀρελάτου πόλεως, ἥ ἐπὶ Ῥοδανῷ ποταμῷ ᾤκισται. Philost. *Vies des sophistes*, liv. I, VIII. — Φαβωρῖνος, Ἀρελάτου τῆς ἐν Γαλλίᾳ πόλεως... Suidas.

[2] César, *De Bello civili*, lib. I.

[3] Ἐμπόριον οὐ μικρόν. Liv. IV. ch. 1.

[4] Suétone, *Vie de Tibère.*

crivait au nombre des cités les plus opulentes
de la Narbonnaise [1], et déjà elle avait donné
le jour à un orateur estimé, Clodius Quirinalis, qui, suivant la *Chronique* d'Eusèbe,
traduite par saint Jérôme, enseigna l'éloquence à Rome, sous le règne de Claude,
avec grand succès [2].

Il serait difficile d'assigner une date précise à la naissance de Favorin. Suidas nous
apprend qu'il florissait sous le règne de
Trajan, et que sa vie se prolongea jusqu'au
temps d'Hadrien [3]. Eusèbe, dans sa *Chronique*, fait mention de lui à la seizième année
du règne d'Hadrien [4]. D'après les expressions
de Suidas, on pourrait supposer qu'il ne

---

[1] *De situ orbis*, lib. IV, cap. v.

[2] Clodius Quirinalis, rhetor Arelatensis, Romæ insig-
nissimè docet. *Chron.* lib. II.

[3] Γεγονὼς ἐπὶ Τραιανοῦ τοῦ Καίσαρος, καὶ παρατείνας
μέχρι τῶν Ἀδριανοῦ χρόνων τοῦ βασιλέως.

[4] Φαβουρῖνος καὶ Πολέμων ὁ ῥήτωρ ἐγνωρίζοντο.
Traduction de saint Jérôme : *Phavorinus et Polemon
rhetores insignes habentur.* La phrase grecque d'Eusèbe
avait été copiée par Georges le Syncelle, dans sa *Chro-
nographie.*

survécut pas à cet empereur, mort en 138. Mais Aulu-Gelle raconte qu'un jour Favorin allant visiter Fronton atteint d'un accès de goutte, le conduisit avec lui. « *Favorinus philosophus, quùm ad M. Frontonem consularem pedibus ægrum, viseret...* [1] » Cornélius Fronton, précepteur de Marc-Aurèle, avait été élevé au consulat par Antonin, en l'an 143 [2]. La visite rapportée par Aulu-Gelle était donc postérieure à cette date puisque l'auteur des *Nuits attiques* donne à Fronton le titre de *consulaire*. D'autre part un mot de Philostrate montre que Favorin atteignit un âge avancé [3]. Mais nous savons aussi qu'il vécut moins longtemps qu'Hérode Atticus, son disciple, devenu son ami le plus intime,

---

[1] *Nuits attiques*, liv. II, ch. XXVI.

[2] Bartholomeo Borghesi, *Diplomi imperiali*, tom. III de ses *Œuvres complètes*. — Cette même date de 143 (an de Rome 896) a été donnée par Niebuhr.

Fronton fut seulement consul *suffectus*. Hérode Atticus, qui avait été aussi l'un des maîtres de Marc-Aurèle, reçut également en 143 le consulat pour récompense. Mais il fut consul éponyme.

[3] Γηράσκων. *Vie des sophistes*, liv. I, VIII.

et qu'il institua pour héritier: Hérode Atticus mourut après l'année 176 [1]. Voilà les seuls éléments qui puissent permettre de déterminer une époque approximativement. Nous pensons qu'on ne doit pas se tromper en faisant remonter la naissance de Favorin jusqu'aux dernières années de Vespasien, et et en fixant sa mort sous le règne d'Antonin.

A quelle nationalité appartenait Favorin ? D'après l'unanimité des témoignages, il était Gaulois. La fusion entre les deux races, gauloise et romaine, devait s'opérer avec une rapidité qui a étonné l'histoire. Cependant à cette époque la conquête n'était pas assez ancienne pour que la Gaule, quoique subjuguée, eût déjà cessé d'être une nation.

Favorin était donc Gaulois : le moindre doute ne peut subsister à cet égard. Lui-même, en diverses occasions, rappela son origine. Et pour en citer un exemple, nous trouvons, parmi les nombreux entretiens

---

[1] *Hérode Atticus, Étude critique sur sa vie,* par Vidal-Lablache, ancien élève de l'École française d'Athènes.

consignés dans les *Nuits attiques,* une dissertation où il parle des noms qu'en chaque
pays les habitants ont donnés aux princi-
paux vents; il décrit les effets d'un vent
violent qui souffle quelquefois sur la Gaule,
au signalement duquel on reconnaît aisément l'aïeul de notre mistral, et il se sert
de ces expressions: « *Nostri namque Galli
ventum ex suâ terrâ flantem, quem sævissi-
mum patiuntur, Circium appellant...* [1]. »

Dans un autre des entretiens rapportés
par Aulu-Gelle, Favorin se donne le titre
de citoyen romain [2]. Cette circonstance ne
contredit pas qu'il fût né d'une famille gauloise. La qualité de citoyen, d'abord précieu-
sement restreinte, plus tard étendue à toute
l'Italie, fut conférée par Caracalla à tous les
sujets de l'empire. Avant lui, c'était une
faveur dont les empereurs n'étaient point
avares. Favorin avait dû l'obtenir par concession impériale, comme le moindre des

---

[1] *Nuits attiques,* liv. II, ch. XXII.
[2] *Nuits attiques,* liv. IV, ch. I.

avantages que ces tout-puissants protecteurs pussent accorder.

Il est plus difficile de concilier l'origine gauloise de Favorin avec la forme toute romaine du nom qu'il porta. Le mot *Favorinus*, dont les Grecs firent Φαβωρῖνος [1], était incontestablement un nom latin. Aulu-Gelle donne un fragment de discours qu'un citoyen de ce nom prononça dans la discussion de la loi Licinia *de sumptu minuendo*, proposée par le consul Licinius Crassus en l'an de Rome 657 [2]. Gruter reproduit une inscription trouvée à Vérone, où se lit le nom de Pontius Favorinus [3]. Muratori cite une autre inscription, du temps de l'empereur Commode, découverte à Rome et

[1] Dion Cassius écrit Φαουωρῖνος; Eusèbe et le Syncelle, Φαβουρῖνος.

[2] Suivant Fabricius, *Biblioth. græca*, Gronove proposait, pour le nom de cet ancien orateur, de lire *Augurinus* au lieu de *Favorinus*. Mais Fabricius ajoute que les manuscrits n'autorisent pas cette leçon.

[3] *Inscriptiones antiquæ totius orbis romani*, t. I, p. 734. — Voici cette inscription telle que la donne Gruter :

contenant les noms de Favorinus et Favo-
rina [1]. On peut supposer que notre philosophe
avait adopté cette forme comme celle qui se
rapprochait le plus du nom qu'il avait en
langue celtique [2].

Nous n'avons aucun renseignement sur la
famille de Favorin. Mais il paraît certain

```
. . . . . . . . . . . .
QVAE. . . . . . . . . . .
NONIA.   FIRMINA
MATRI.   KARISSIM
ET.  L.  PONTIVS
FAVORINVS. . . . .            .
```

[1] *Novus thesaurus veterum inscriptionum*, t. I,
p. 243. — Nous reproduisons aussi l'inscription rapportée dans l'ouvrage de Muratori :

```
PRO  SALVTE
IMP.  CAES.  AVGVSTO
M.  AVRELIO.  COMMODO
M.  AVRELIVS.  M.  F.  FAVO
RINVS.  CVRTIA.  FA
VORINA.  V.  S.
```

[2] On trouve assez fréquemment employée cette forme :
*Phavorinus, Phavorin.* Ceux qui en ont fait usage ont
cru sans doute que ce nom était grec. Nous venons de
montrer que c'était un nom romain.

qu'elle était de condition obscure. En effet, en dédiant au proconsul Antonius Gordianus les *Vies des sophistes*, Philostrate annonce, dans son épître dédicatoire, qu'il ne mentionnera les parents que de ceux qui auront eu une origine marquante. Comme il ne dit rien des parents de Favorin, nous devons en conclure que celui-ci était issu d'une famille plébéienne.

Nous ne pouvons passer sous silence une singularité qui nous est révélée par Philostrate, Lucien et Suidas. Favorin était venu au monde avec une conformation sexuelle incomplète et douteuse [1]. Les anciens, pour désigner cet état, se servaient tantôt des termes d'*androgyne* ou d'*hermaphrodite*, tantôt de celui d'*eunuque*, termes qu'ils paraissent avoir employés indifféremment et qui exprimaient moins la réunion des deux sexes chez le même individu, qu'une

---

[1] Διφυὴς δ'ἐτέχθη καὶ ἀνδρόθηλυς. Philost. — Γεγονὼς δὲ τὴν τοῦ σώματος ἕξιν ἀνδρόγυνος, ὅν φασιν ἑρμαφρόδιτον. Suid. — Nous citerons plus loin l'*Eunu que* de Lucien.

organisation rudimentaire demeurée indécise. Le mot *eunuque* marquait plutôt une impuissance naturelle qu'une mutilation accidentelle. Chez nous, c'est le dernier sens qui a prévalu. L'antiquité l'entendait autrement, et si l'on nous permettait de parler ici le langage des jurisconsultes modernes, nous dirions volontiers qu'elle appelait eunuque l'individu qui était neutre par nature plutôt que par destination [1].

Cette bizarre imperfection organique se trahissait chez Favorin, suivant Philostrate, par son visage imberbe qu'il eut tel jusqu'à la fin de sa vie, et par le timbre de sa voix aiguë et grêle.

Le même auteur ajoute que son état ne l'empêcha pas d'être poursuivi comme adultère sur la plainte d'un personnage consulaire, et il relate cette circonstance en des termes qui nous donnent le droit de nous demander si l'accusation n'était pas fondée [2].

---

[1] Lucien, dans l'*Eunuque*, oppose l'εὐνοῦχος naturel au mutilé, βάκηλος.

[2] Θερμὸς δ'οὕτω τις ἦν τα ἐρωτικά...

Une pareille conclusion, il faut l'avouer, s'accorderait malaisément avec les prémisses. Nous pensons que l'exacte vérité, à ce sujet, ressort d'un fragment des écrits de Favorin, recueilli par Stobée et par saint Maxime [1]. Il nous paraît de toute évidence que dans ce passage Favorin a voulu parler de lui, et il l'a fait avec élégance, mais aussi, croyons-nous, avec une entière franchise : « Mon âme souffre d'un mal que je ne connais pas. Quel est-il ? Ceux qui l'ont éprouvé disent que c'est l'amour. O génie ($\delta\alpha\acute{\iota}\mu\omega\nu$) malfaisant et déraisonnable, tu t'es introduit dans un corps infirme, qui n'est point capable de te subir. Je t'échappe, ô mauvais génie ; je déserte le champ de bataille ; je ne suis pas un de tes soldats. »

Quelle fut l'issue du procès en adultère ? L'histoire ne nous l'apprend pas. Assurément il n'eut pas de conséquence grave, et nous verrons plus tard Favorin faire de ces pour-suites le texte d'une spirituelle plaisanterie,

[1] Stobée, LXIV, 26. — Saint Maxime, XXVI.

que nous aurons ailleurs l'occasion de rapporter.

Il convenait d'autant plus de signaler ce
curieux *habitus corporis*, qu'il devait constituer un singulier obstacle pour un homme
qui allait embrasser la carrière de philosophe et d'orateur.

En effet, à cette époque, porter une longue
barbe était l'attribut essentiel du philosophe.
On ne pouvait guère prétendre à la philosophie si l'on n'était pas barbu. Et avec cette
voix d'eunuque, perçante et criarde, n'était-il
pas bien téméraire de vouloir devenir orateur?

Mais il y avait une difficulté, peut-être
plus grave encore, contre laquelle il fallait
lutter: c'était, au point de vue moral, la
défaveur, le mépris même, qui frappaient
tous ceux qu'un étrange hasard avait ainsi
fait naître incomplets.

Une extrême dépravation de mœurs souil-
lait cette société si florissante en apparence.
Le temps semblait revenu où la chair, suivant la forte parole de la Genèse, « avait
corrompu sa voie. » Au milieu de cette

flagrante violation des lois naturelles, les êtres nés dans la condition où se trouvait Favorin n'étaient regardés que comme les instruments abjects d'infâmes voluptés. « *Gignuntur homines utriusque sexûs*, disait Pline l'Ancien, *quos hermaphroditos vocamus, olim... in prodigiis habitos, nunc verò in deliciis* [1]. »

Favorin eut à souffrir pendant toute sa vie de la déconsidération qui s'attachait à son état. Nous le verrons, à ce sujet, plusieurs fois en butte à d'insolentes railleries que nous rappellerons au cours de cette étude.

Nous avons insisté volontiers sur ces divers obstacles, physiques et moraux, parce qu'ils accroissent, une fois vaincus, la gloire de celui qui s'est élevé en les surmontant. Un défaut de langue semblait interdire à jamais l'art de la parole à Démosthène : l'opiniâtreté qu'il mit à s'en corriger n'a-t-elle pas ajouté à la renommée du grand orateur ?

---

[1] *Histoire naturelle*, liv. VII.

D'ailleurs, pour achever, d'après Philostrate, le portrait de Favorin, nous devons dire qu'il avait un visage agréable, et qu'il sut corriger l'acuité de sa voix au point de la rendre douce et harmonieuse. Le biographe nous apprend qu'à Rome, lorsqu'il dissertait, on accourait en foule pour l'entendre, et que, par l'expression gracieuse de ses traits et le charme de sa diction, il enchantait même ceux de ses auditeurs qui ne comprenaient pas le grec [1]. « En quelque endroit qu'il allât, ajoute Aulu-Gelle, nous le suivions, enchaînés, pour ainsi dire, à ses lèvres : tant il nous charmait, partout et toujours, par la grâce infinie de ses discours [2]. »

C'est que si la nature n'avait pas été prodigue envers Favorin des avantages physiques,

[1] Διαλεγομένου δ'αὐτοῦ κατὰ τὴν Ῥώμην μεστὰ ἦν σπουδῆς πάντα· καὶ γὰρ δὴ καὶ ὅσοι τῆς Ἑλλήνων φωνῆς ἀξύνετοι ἦσαν, οὐδὲ τούτοις ἀφ'ἡδονῆς ἡ ἀκρόασις ἦν... *Vies des sophistes*, liv. I, viii.

[2] Eum, quoquo iret, quasi ex linguâ prorsùm ejus capti, prosequebamur : ita sermonibus usquequaque amœnissimis demulcebat. *Nuits att.*, liv. XVI, ch. iii.

elle lui avait, par contre, généreusement accordé les plus brillantes facultés intellectuelles.

Il avait reçu d'elle le don de l'éloquence, que l'étude et l'exercice développent sans doute, mais qui est toujours inné. Les éloges que lui ont donnés ses contemporains, les critiques mêmes dont il fut l'objet, montrent qu'il était doué d'une grande facilité d'élocution. Il était même improvisateur [1]. Il résulte des détails conservés par Philostraste que les caractères distinctifs de son éloquence furent l'abondance et la douceur. L'appréciation de Philostrate est confirmée par le témoignage d'Aulu-Gelle, de qui l'opinion a plus de prix encore, puisqu'il fut pendant longtemps le disciple assidu de Favorin.

« C'était, dit-il, l'homme le plus doux à entendre, *homo ille fandi dulcissimus* [2]. » Toutes les fois que l'auteur des *Nuits attiques* résume pour son recueil une dissertation,

---

[1] Ἐλέγετο δὲ ξὺν εὐροίᾳ σχεδιάσαι. *Vie des sophistes*, liv. I, VIII.

[2] Liv. XVI, ch. III.

un discours de son maître, il loue le mérite de l'orateur en des termes qui expriment à un rare degré l'abondance, le charme, l'élégance, la grâce exquise du langage : *ubertas, copia, amœnitas, facundiæ venustas, sermonis comitas* [1]. Pour témoigner toute son admiration, il est obligé d'accumuler les qualificatifs ; après avoir exposé des opinions que le philosophe vient d'émettre, il ajoute : « *latius ea et amœnius et splendidius et profluentius exsequebatur* [2]. » Enfin, émerveillé par un autre discours qu'il a essayé de retracer, il va jusqu'à dire: « Toute l'éloquence latine pourrait à peine donner une idée de l'agrément, de l'ampleur, de la richesse de son style ; mon insuffisance ne me le permet pas [3]. »

[1] Liv. II, ch. xxii. — Liv. XII, ch. i. — Liv. XIV, ch. i.

[2] Liv. XIV, ch. i.

[3] Hæc... quantum meminisse potui, retuli ; amœnitates verò et copias ubertatesque verborum latina omnis facundia vix quidem indipisci potuerit ; mea tenuitas nequaquam. — Liv. II, ch. xxii.

Nous savons encore que Favorin eut une mémoire vraiment surprenante, « *egregia*, dit Aulu-Gelle, *vel divina* [1]. »

Il avait aussi de l'esprit, et beaucoup d'esprit. On en jugera par quelques-unes de ses reparties que l'histoire a enregistrées et que nous citerons à l'occasion. Son esprit était vif, alerte, prompt à la riposte, avantage précieux pour un philosophe dont la profession était alors essentiellement militante.

Et cet esprit s'alliait chez lui avec une raison très droite, très éclairée. Nous le verrons donner à certaines questions des solutions remarquables. Cette rectitude de jugement n'a jamais été bien commune chez les gens d'esprit, et à cette époque elle ne se rencontrait pas toujours dans le bagage de la philosophie.

Enfin ce qui est digne surtout d'être admiré, c'est son incessante application, son infatigable ardeur au travail. Il fut animé

---

[1] Liv. XIII, ch. xxiv.

de cette noble ambition : tout apprendre, tout savoir. Il acquit des connaissances aussi profondes que variées. Aulu-Gelle ne parle pas une seule fois de lui sans nous montrer toute l'étendue de son érudition. Nous le trouverons à Rome traitant les questions les plus délicates de la philologie avec des grammairiens de profession [1], exposant à des médecins une théorie physiologique [2], discourant sur la loi des XII Tables avec un des plus renommés jurisconsultes du temps, et faisant preuve en cette occasion d'une si grande science juridique que l'illustre Sextus Cæcilius se met à l'embrasser pour lui marquer toute son admiration [3]. Suidas a donc pu dire avec raison que c'était un homme profondément versé dans tous les genres de savoir, ἀνὴρ πολυμαθὴς κατὰ πᾶσαν παιδείαν.

Telles étaient les facultés naturelles dont Favorin fut pourvu, et qui, fécondées par le

---

[1] Liv. IV, ch. I. — Liv. XVIII, ch. VII.
[2] Liv. XVI, ch. III.
[3] XX, ch. I.

travail, devaient lui permettre d'atteindre le rang élevé auquel il parvint.


III


Nous n'avons point de détails sur la jeunesse de Favorin. Mais on peut affirmer sans témérité qu'il vint faire à Marseille ses premières études.

Il n'est personne qui ne sache quelle fut dans l'antiquité l'éclatante réputation des écoles de Marseille. Cette ville, foyer lumineux dont le rayonnement s'étendit si loin, fut l'une des capitales intellectuelles du monde ancien. La culture des choses de l'esprit y reçut le plus remarquable développement. On reproche aux Marseillais d'aujourd'hui — le grief est sans doute exagéré — de laisser absorber toute leur activité par le négoce. Les Massaliotes furent aussi de grands commerçants, ce qui ne les empêcha pas d'être des hommes éclairés, instruits, vouant leur application aux travaux littéraires. « Toutes les personnes bien nées, écrit Strabon au sujet de Marseille, s'y adonnent à l'étude de l'éloquence et de la philosophie [1]. »

Un excellent régime politique contribuait à favoriser ce goût pour l'éducation lettrée et savante. Marseille était alors constituée en république. Ce mot, dans l'acception contemporaine, éveille aussitôt l'idée de démocratie. La république de Marseille était, au contraire, essentiellement aristocratique, comme le fut Venise, dont les institutions offriront d'ailleurs une certaine analogie avec les établissements massaliotes. Les Phocéens, dit le vieil historien de Marseille, Antoine de Ruffi, « résolurent d'y établir une excellente forme de règlement politique, par lequel ils peussent maintenir la gloire et la grandeur de leur ville naissante: à cet effet, ils jugèrent à propos de prendre l'aristocratie,

---

[1] Πάντες γὰρ οἱ χαρίεντες πρὸς τὸ λέγειν τρέπονται καὶ φιλοσοφεῖν. — Strabon, liv. IV, ch. I.

qui est une espèce d'une parfaite république, où la moindre partie des citoyens les plus vertueux commande à tout le général souverainement [1]. »

Strabon nous a fait connaître l'économie de la constitution massaliote.

Après s'être emparés de Marseille, les Romains se souvinrent que cette ville avait été pendant des siècles l'alliée de Rome ; et, fidèles d'ailleurs en ce point aux principes de leur admirable politique, ils ne la dépouillèrent pas de son ancienne autonomie, lui laissèrent même son autorité sur les peuples qui lui étaient assujettis, et la dispensèrent d'obéir aux magistrats qu'ils envoyaient dans les provinces.

Le gouvernement de la république marseillaise avait pour base un sénat de six cents membres, pris parmi l'élite des citoyens. Deux conditions, dont il convient d'admirer la profonde sagesse, étaient indispensables pour faire partie du sénat: il fallait avoir

---

[1] *Histoire de la ville de Marseille*, liv. I, ch. III.

des enfants, et appartenir à une famille établie à Marseille depuis trois générations au moins. Les sénateurs portaient le nom de *Timouques* [1].

A la tête du sénat se trouvait une sorte de conseil des ministres, formé de quinze timouques, et chargé de l'expédition des affaires. Trois d'entre eux, qui présidaient ce ministère, exerçaient le pouvoir, et l'un des trois occupait, comme chef suprême, le sommet de la hiérarchie [2].

Le géographe exprime son admiration pour l'excellence de cette organisation politique, en appliquant à la République massaliote le superlatif d'εὐνομώτατα.

L'histoire a depuis longtemps enseigné que les lettres et les arts sont bien plus florissants sous le régime de l'aristocratie que sous l'état populaire. Il n'est donc pas étonnant que la littérature et la science aient

---

[1] Étymologie de ce mot : τιμή, charge, dignité, ἔχειν, avoir.

[2] Strabon, liv. IV. ch. i,

entouré l'antique Massalia d'une si brillante auréole.

Son éclat se répandait partout et attirait vers ses écoles des étudiants venus des contrées les plus éloignées. Strabon constate que de son temps les jeunes gens appartenant aux plus illustres familles de Rome, au lieu d'aller compléter leur éducation à Athènes, se rendaient à Marseille. Nous avons l'exemple, rapporté par Tacite, de son beau-père Agricola qui vint, dès son jeune âge, pour s'y instruire; et à cette occasion le grand historien appelle Marseille « *sedem ac magistram studiorum*[1]. »

Nous ne trouvons aucun texte qui dise positivement que Favorin fut élevé à Marseille. Mais cette circonstance nous semble prouvée.

Le grec était la langue des Massaliotes, et bien qu'on parlât aussi chez eux le celtique et le latin, le grec avait une prédominance telle que, suivant Strabon, les Gaulois

[1] Tacite, *Vie d'Agricola.*

l'apprenaient, et en usaient même pour rédiger leurs contrats [1]. Favorin, Gaulois d'origine, adopta le grec et l'employa pendant toute sa vie comme si c'eût été sa langue maternelle : il le parlait à Rome, quoi qu'il

[1] Que le grec ait été la langue des Massaliotes, c'est là un fait historique tellement certain qu'il n'a pas besoin d'être confirmé par le témoignage des monuments épigraphiques.

Nous tenons cependant à signaler deux inscriptions grecques trouvées à Marseille et conservées au musée archéologique du Château-Borély. Elles sont curieuses à plus d'un titre.

La première, découverte en 1833, à l'endroit où a été creusé le bassin de carénage, est ainsi conçue :

ΑΘΗΝΑΔΗC

ΔΙΟCΚΟΥΡΙΔΟΥ

ΓΡΑΜΜΑΤΙΚΟC

ΡΩΜΑΙΚΟC

« Athénadès, fils de Dioscoride, grammairien romain. » C'était évidemment l'enseigne d'un grammairien. Mais les mots : γραμματικός ρωμαϊκός ne signifient pas que ce grammairien fût romain. Il était Massaliote, comme le prouvent les noms grecs *Athénadès* et *Dioscoride*. Le titre de *grammairien romain* indiquait au public qu'Athénadès était professeur de langue et de littérature latine.

connût à fond la langue latine, ainsi que nous le verrons. Il considérait même cette adoption du grec comme une des singularités de son existence.

La seconde inscription a été trouvée le 5 février 1877, à la rue Sainte-Catherine. Elle porte :

ΤΙΤΟΣ ΠΟΜΠΗΙΟΣ

ΑΠΟΛΛΩΝΙΔΗΣ

ΤΙΤΩ ΦΛΑΟΥΪΩΙ

ΝΕΙΚΟΣΤΡΑΤΩΙ

ΤΩΙ ΚΑΘΗΓΗΤΗΙ

ΜΝΗΜΗΣ ΧΑΡΙΝ

« Titus Pompeius Apollonidès à Titus Flavius Nicostrate, son précepteur, pour perpétuer son souvenir. »

Ce qu'il y a ici de particulièrement intéressant, c'est ce mélange de noms latins et de noms grecs. Les personnages dont il est question étaient-ils des Romains qui avaient pris les noms grecs d'*Apollonidès* et de *Nicostrate?* Ou bien étaient-ce des Massaliotes qui avaient ajouté à leurs noms grecs les noms latins de *Titus Pompeius* et *Titus Flavius?* Cette inscription — ceci, dans tous les cas, est hors de doute — se rapporte à une date postérieure à la domination romaine, et à une époque où déjà s'accomplissait la fusion des races. Mais, chose remarquable, le grec continue à être la langue en usage à Marseille.

Pour qu'il ait ainsi fait du grec sa langue habituelle, il faut qu'il ait commencé à s'en servir étant encore enfant; et où l'aurait-il appris et adopté, si ce n'est chez les Massaliotes?

Le doute, à cet égard, est si peu possible que, malgré l'absence d'un texte précis, le consciencieux historien de Marseille n'a pas hésité à considérer Favorin comme un élève de l'Académie marseillaise: « Elle a produit de si grands hommes, dit-il, qu'à peine en peut-on trouver de semblables. Ceux qui ont excellé en éloquence sont: Antonius Gnipho; *Phavorin*, si chéri de l'empereur Adrian... [1] »

Son éducation achevée, Favorin entreprit de voyager. De quel côté se dirigea-t-il, vers la Grèce ou vers l'Italie?

Il serait bien difficile d'écrire sa biographie en suivant un ordre chronologique. Nous avons dit qu'il ne nous reste, pour reconstituer sa vie, que des fragments disséminés, qui ne permettent guère de fixer des

---

[1] Ruffi, *Histoire de la ville de Marseille*, liv. I, ch. III.

dates. Dans ses *Vies des sophistes*, Philostrate a voulu surtout peindre des portraits et recueillir des anecdotes. Aulu-Gelle, quoiqu'il parle souvent de Favorin, s'attache plutôt à reproduire ses opinions sur tel ou tel sujet qu'à raconter les circonstances mémorables de son histoire.

Nous n'en connaissons donc que quelques particularités. Nous savons qu'il vécut à Athènes, qu'il parcourut l'Asie-Mineure, qu'il habita Ephèse, et qu'il demeura aussi à Rome, où il posséda même une maison. Quel temps faut-il marquer à ses différents voyages? Une rigoureuse précision est impossible, mais il nous semble qu'il y a lieu de partager sa longue carrière en deux périodes : la première consacrée à la Grèce et à l'Ionie, la seconde pendant laquelle il s'établit à Rome.

Voici les raisons qui autorisent cette division.

Le séjour de Favorin à Marseille et l'éducation toute grecque qu'il y reçut durent lui inspirer de bonne heure le désir de connaître la Grèce, et surtout Athènes, et aussi cette Asie-Mineure parsemée de cités helléniques si florissantes. La littérature grecque, remarquons-le, l'emportait alors, et de beaucoup, sur la littérature latine. La gloire littéraire illuminait la Grèce et ses colonies. Favorin, épris de cette gloire, devait naturellement céder à un si puissant attrait.

Il eut pour maîtres deux philosophes illustres, Epictète et Dion Chrysostome. Mais cette circonstance ne peut servir à fixer la chronologie. Quand Domitien proscrivit les philosophes, ils s'exilèrent l'un à Nicopolis, en Épire, l'autre, sur les bords du Danube. Après la chute du tyran, ils vinrent à Rome. Dion séjourna souvent dans la Bithynie, à Pruse, sa ville natale. Favorin dut suivre les leçons de ces deux philosophes pendant qu'il était jeune encore; faute de texte, on ne peut dire si ce fut à Rome, à Nicopolis ou à Pruse.

Mais il existe d'autres données qui paraissent assurer la priorité à son séjour dans l'Ionie et dans la Grèce. Philostrate rapporte que sa célèbre rivalité avec Polémon, dont nous parlerons avec quelque détail, née en Asie-Mineure, eut ensuite Rome pour théâtre. Ce n'est donc que plus tard qu'il vint habiter Rome. Il fut, nous l'avons déjà dit, le favori d'Hadrien. Or cet empereur ne séjourna jamais bien longtemps à Rome. Il employa une partie de son règne à voyager, et il s'arrêta plusieurs fois à Athènes. Nous verrons dans un épisode raconté par Philostrate qu'il s'y rencontra au moins une fois en même temps que Favorin.

D'un autre côté, celui-ci, nous l'avons appris par Aulu-Gelle, se trouvait à Rome après le consulat de Fronton, sous le règne d'Antonin. Il ressort des divers détails consignés dans les *Nuits attiques* qu'il y était fixé. Il y possédait, suivant Philostrate, toute une fortune: une maison, des esclaves, une bibliothèque dont il fit legs à Hérode Atticus. Il est donc probable que c'est pendant la seconde partie de sa vie qu'il vécut à Rome, et qu'il acheva sa carrière dans cette ville. Sans doute, en déterminant ainsi deux époques, il n'est pas défendu d'admettre que dans le cours de sa jeunesse il ait pu, d'Éphèse ou d'Athènes, venir à Rome. Mais la distinction entre ces deux périodes, dont l'une est grecque, et l'autre romaine, nous paraît bien tranchée. Nous suivrons cet ordre, et nous étudierons successivement ses relations avec l'Asie-Mineure et la Grèce, puis son existence à Rome.

## I V

Mais, avant d'entreprendre, au moyen des éléments que nous avons pu réunir, l'histoire de Favorin, il est intéressant de montrer en quoi consistait cette profession de philosophe et d'orateur à laquelle il allait se consacrer.

Y fut-il conduit par une propension naturelle, dérivant de la richesse des facultés dont il se sentait doué, ou bien, poussé par l'ambition, l'embrassa-t-il à la suite d'une détermination mûrement réfléchie et délibérée ?

Ce point est difficile à éclaircir et d'ailleurs il importe peu. Ce qui est hors de doute, c'est que la carrière littéraire devait alors tenter les ambitieux ; car elle menait à tous les succès.

Cette prépondérance de la littérature était, en grande partie, le résultat de la situation nouvelle imposée aux peuples par la politique romaine.

Quand les Romains eurent conquis le monde, usant d'un système dont on ne saurait trop louer la sagesse et l'habileté, ils ne cherchèrent pas à le niveler : ils le conservèrent tel qu'il était. Ils n'essayèrent pas d'imposer leur langue, leurs lois, leur religion. Ils respectèrent le genre de vie des vaincus, à qui ils laissèrent ainsi la première et la plus douce des libertés, celle de vivre à sa guise. Ils s'efforcèrent par là de rendre léger le poids de leur domination ; ils voulurent même faire aimer leur joug. « On obéit, et l'on est content d'obéir ; *obedientes gaudent,* » telle est la formule que donne Tite-Live [1].

Ils enlevèrent, il est vrai, à leurs nouvelles provinces, toute indépendance politique. Mais ces états assujettis n'en demeurèrent pas moins constitués comme auparavant. Et la perte de leur autonomie extérieure n'eut pas d'autre conséquence que de faire régner partout une profonde paix. Ces cités, ces républiques, ces états, qui guerroyaient les uns contre les autres quand ils étaient libres, ne pourront plus le faire dorénavant. Mais les citoyens ne cessent pas d'être régis par leurs anciennes lois; ils gardent leur culte, leurs cérémonies, leurs fêtes, leurs jeux, leurs assemblées. Les villes nomment toujours leurs magistrats, elles continuent à s'administrer elles-mêmes. Les Romains ont confisqué la souveraineté; mais ils ont maintenu dans toute leur intégrité les franchises intérieures, l'indépendance municipale.

---

[1] Certè id firmissimum longè imperium est quo obedientes gaudent. — Liv. VIII.

Au temps où ces villes étaient souveraines, l'éloquence y avait tenu une grande place. On le comprend aisément. Par l'éloquence on conquérait, on gardait, on exerçait le pouvoir. Entendre des harangues était d'ailleurs un véritable besoin, né de la façon de vivre des peuples anciens. Il existait entre leur état social et le nôtre une différence capitale. Aujourd'hui, à quelque degré que ce soit de l'échelle sociale, on travaille; c'est la règle: les gens inoccupés forment l'exception. Chez les anciens, au contraire, régnait une complète oisiveté. Le travail était uniquement réservé à ces innombrables esclaves, qui ne comptaient pour rien dans la vie civile, et qui cependant concentraient en leurs mains les arts industriels, la plupart des arts libéraux, l'agriculture, le commerce. L'homme libre, le citoyen, restait toujours oisif. Ajoutons que ce beau climat de la Grèce ou de l'Italie engageait à vivre au-dehors. On passait donc toutes ses journées sur la place publique, forum ou agora. Et qu'y pouvait-on faire? Après que l'on s'était enquis des nouvelles du jour, il n'y avait rien de mieux que d'entendre discourir un orateur.

Quand disparut l'indépendance politique, ce besoin d'éloquence demeura. Il fallait qu'une nouvelle carrière s'ouvrît à cette activité des citoyens, dont les conquérants avaient bien restreint le domaine, mais dont ils prétendaient ne pas gêner le mouvement; à ces assemblées populaires, qui continuaient à se réunir sur l'agora, il fallait toujours un orateur à écouter. L'orateur subsista donc. Il n'eut plus à traiter des questions de gouvernement, à proposer telle loi, à préconiser telle alliance, à conseiller telle expédition. Il se tourna vers le passé. Il nourrit le patriotisme local des souvenirs de son histoire. Il rappela les anciennes guerres, les conquêtes, les grands hommes, toutes les gloires d'autrefois. Dans la Grèce, par exemple, il raconta la guerre du Péloponèse ou les campagnes d'Alexandre. La philosophie vint aussi lui fournir des sujets de discours.

Ainsi l'orateur, au lieu de voir son rôle amoindri par l'effet de la suprématie romaine, grandit, au contraire, car il resta seul pour occuper l'oisiveté des peuples. Seulement une transformation s'opéra pour la rhétorique; elle eut un autre aliment et prit un caractère nouveau. Le champ de la politique étant désormais interdit, ce fut l'inauguration de ce que nous appellerons l'éloquence littéraire.

Le goût pour la parole humaine habilement maniée est inné chez l'homme. Qu'un grand orateur surgisse, la foule accourra toujours autour de lui. Mais dans l'antiquité l'éloquence exerçait un attrait incomparablement plus vif qu'aujourd'hui. Outre que nos loisirs sont bien moindres que ceux des anciens, nous avons pour passe-temps une ressource qui leur manquait: la lecture. Nous lisons des livres, et surtout des journaux. Les livres, en ce temps-là, étaient rares, et à peu près inaccessibles pour le commun des hommes: quant au journal, que pouvait-il être sans l'imprimerie?

On peut dire que dans l'antiquité la rhétorique tenait la place qu'occupe chez nous la presse périodique. Les rhéteurs furent les journalistes de leur temps.

Dans cette comparaison, tout l'avantage est pour les rhéteurs. Comme le journalisme actuel, la rhétorique était devenue une puissance. Mais le journalisme, convenons-en, procure moins de considération que n'en donnait alors l'éloquence. Certes il y a parmi nous des journalistes que leur talent, leur savoir et leur conscience ont placés très haut dans l'estime publique. Et pourtant reconnaissons franchement que la profession est un peu discréditée par l'outrecuidance de ceux qui s'y jettent à l'étourdie, sans préparation, sans autorité, prêchant les peuples, régentant les rois, ne s'exposant guère à d'autre châtiment que celui de n'être pas lus. Et encore !...

L'orateur antique ne pouvait, quant à lui, embrasser la carrière de l'éloquence que s'il était né avec dés facultés exceptionnelles, développées ensuite par des études incessantes. « O nuit ! » disait un rhéteur célèbre qui consacrait au travail le temps du sommeil, « ô nuit! tu es, avant les dieux mêmes, la dispensatrice de la sagesse [1]. » C'était un auditoire redoutable que l'auditoire athénien, smyrniote ou éphésien; et nul n'aurait osé l'affronter sans être armé de toutes pièces.

Mais aussi combien était enviable la situation faite par les cités aux orateurs illustres qu'elles parvenaient à s'attacher!

Toutes ces villes de la Grèce et de l'Asie-Mineure, que la politique romaine laissait se mouvoir si librement dans le cercle de l'autonomie municipale, n'avaient pas cessé d'être jalouses les unes des autres. Mais ce n'était plus sur le champ de bataille qu'elles pouvaient maintenant faire éclater leurs ardentes rivalités. Elles n'avaient plus à lutter entre elles que pour la prédominance artistique ou littéraire. Elles cherchaient alors à l'emporter sur les cités rivales par la magnificence de leurs monuments, par la valeur des chefs-d'œuvre qu'elles

----

[1] *Vies des sophistes,* liv. I, xxi, Scopelianus.

rassemblaient, mais avant tout par la gloire de posséder un rhéteur éloquent.

Elles se disputaient les orateurs en cherchant à les fixer au moyen de toutes les faveurs dont elles disposaient. Elles leur octroyaient le droit de cité, elles les enrichissaient par de larges rétributions, elles leur offraient les magistratures locales, elles épuisaient pour eux la série des honneurs qu'il leur était permis de conférer.

Il y avait d'ailleurs pour une ville, en dehors d'une satisfaction de vaine gloire, une grande utilité pratique à s'assurer la présence d'un rhéteur en renom.

Les orateurs, en effet, ne servaient pas seulement à charmer les citoyens par leurs harangues, ils rendaient encore de signalés services.

Ils acquéraient presque toujours un puissant ascendant sur le peuple. Ils apaisaient les séditions, ils réconciliaient les partis hostiles. Ils aidaient au gouvernement, ou par une participation effective en acceptant l'autorité qui leur était si volontiers confiée, ou d'une façon indirecte, en devenant les conseillers des magistrats sous le nom desquels ils exerçaient réellement le pouvoir.

Ils attiraient dans la ville qu'ils avaient adoptée un grand concours d'étrangers. Ils ouvraient des écoles que fréquentait une nombreuse jeunesse, venue de tout pays. Ces jeunes gens ardents, enthousiastes, appartenant pour la plupart à des familles illustres et riches, remplissaient de mouvement la cité dont ils accroissaient l'éclat et la prospérité.

Les rhéteurs mettaient comme avocats leur éloquence an service des particuliers.

Ils plaidaient pour eux devant les tribunaux civils ou criminels.

Enfin, à l'occasion, ils se rendaient en ambassade auprès des empereurs. Quand une ville avaït une grâce à obtenir de la toute-puissance impériale, elle députait à César son rhéteur attiré.

Le prince, surtout s'il était lettré, se montrait flatté du choix d'un tel ambassadeur, et il accordait avec empressement ce que celui-ci venait solliciter. On vit même le farouche Domitien, persécuteur des philosophes, se laisser vaincre par l'éloquence d'un rhéteur qui faisait alors la gloire de Smyrne. Un édit avait condamné l'Asie à n'avoir plus de vignes: ordre de les toutes arracher, défense d'en planter de nouvelles. Le vin, sans doute trop libéral, était suspect de favoriser l'esprit d'opposition. Smyrne s'émeut, et d'une voix unanime élit Scopélianus pour aller plaider auprès de l'empereur la cause du raisin. Le rhéteur eut un succès surprenant. Il obtint la révocation de l'édit de proscription, et de plus un nouveau décret qui enjoignait de cultiver la vigne, sous peine d'amende.

Et non-seulement les rhéteurs obtenaient ce qu'ils étaient venus demander, mais, en outre, ils retournaient comblés eux-mêmes des faveurs impériales: immunités d'impôts ou de charges, cadeaux, dignités de tout genre, le consulat même. Les villes

enthousiasmées, leur dressaient des statues,
et quand ils mouraient leur élevaient un
mausolée au milieu même de l'agora [1].

V

Ces orateurs, dont nous venons de montrer
toute l'importance sociale, s'appelaient alors
des *sophistes*.

Quels étaient l'origine et le sens précis de
ce nom?

Il avait dû, dans le principe, désigner,
comme celui de *philosophe*, les hommes qui
faisaient profession de se vouer au culte de
la sagesse.

Mais une distinction s'était promptement
établie, et le nom de sophistes avait été
donné à ceux qui mirent l'éloquence au
service de cette recherche de la sagesse.
Philostrate, dans le préambule de ses *Vies*,
définit la sophitisque ancienne et l'appelle:

[1] *Vies des sophistes*, passim.

la rhétorique unie à la philosophie, ῥητορικὴν φιλοσοφοῦσαν.

Le philosophe, amoureux de la sagesse, ne s'adressait pas au public. Entouré de quelques familiers, se promenant dans les jardins d'Académus ou sous les ombrages du Lycée, il cherchait la vérité, hésitant à se prononcer, à proclamer qu'il l'avait découverte. Au contraire, le sophiste des premiers temps haranguait la foule, et se flattait de savoir les choses sur lesquelles le philosophe méditait encore. Son discours débutait par des affirmations: « Je sais, je connais, j'ai depuis longtemps observé, disait-il; οἶδα, γιγνώσκω, πάλαι διέσκεμμαι. » Ou, s'il était sceptique, il assurait que pour l'homme il ne pouvait rien y avoir de certain: « βέβαιον ἀνθρώπῳ οὐδέν. » D'ailleurs le sophiste s'occupait des mêmes sujets que le philosophe: il dissertait sur la justice, sur le courage, sur les dieux, il examinait quelle était la configuration de la terre [1].

—

[1] *Vies des sophistes*, préambule.

Ces sophistes eurent un grand succès. Il existait chez les multitudes, nous l'avons dit, un goût irrésistible pour l'éloquence. Les sophistes parcoururent la Grèce et l'Asie-Mineure, et les auditeurs se pressèrent autour d'eux. Ils firent de leur art un véritable métier. Ils ne négligèrent pas de gagner beaucoup d'argent ; ils acquirent en même temps une grande influence. Ils devinrent ainsi des personnages. La nécessité où ils se trouvèrent de se poser comme des hommes en possession du vrai, l'habitude de trancher sur toutes les questions et de soutenir toutes les thèses, les amena souvent à produire l'erreur au lieu de la vérité, à ne professer qu'une fausse sagesse : prétendue vérité, sagesse fausse qu'ils essayaient de faire triompher par toutes les ressources d'une habileté consommée dans l'art de raisonner. Cette dialectique captieuse, les subtilités de cette artificieuse rhétorique eurent pour effet d'étendre le sens du mot *sophiste* et de lui donner une signification nouvelle : c'est l'acception défavorable que

notre langue a seule conservée. La considération dont jouissaient les sophistes n'en
reçut d'ailleurs aucune atteinte. Ils conti-
nuèrent à porter ce nom, à s'en faire gloire,
et leur importance alla toujours en grandissant.

Il est juste de reconnaître, du reste, que
s'ils ne furent souvent que de faux sages,
s'ils se constituèrent quelquefois les défenseurs de systèmes inacceptables, ils n'en ont
pas moins rendu service à la cause de l'humanité. Ils furent des artisans de civilisation,
ils travaillèrent à la diffusion de la lumière
intellectuelle, et en donnant satisfaction à ce
besoin d'éloquence que toutes les villes
éprouvaient, ils fournirent un aliment à l'un
des plus nobles appétits de l'âme humaine.
On peut comparer les anciens sophistes à
ces alchimistes du moyen-âge, obstinément
attachés à la poursuite d'une chimère, déga-
geant sans le vouloir la vérité emprisonnée
dans leurs alambics, et contribuant par leurs
illusions à créer cette grande science mo-
derne qui nous a donné les lois de la composition des corps.

Les sophistes cessèrent plus tard d'emprunter uniquement à la philosophie la matière de leurs discours. Ils se mêlèrent à la politique, puis ils demandèrent à l'histoire des sujets de harangues. C'est alors qu'ils s'appliquèrent à devenir des improvisateurs. Leur autorité s'accrut, ainsi que nous l'avons vu, et au temps de Favorin, leur rôle était celui que nous avons décrit.

A cette époque, le nom de *sophiste*, pris dans son acception la plus générale, était exactement synonyme de *rhéteur*, et cette expression, dont maintenant on ne se sert plus qu'en mauvaise part, se traduisait littéralement par le mot d'*orateur*. Le sophiste, orateur populaire, fut essentiellement un homme public. Le philosophe, au contraire, resta ce qu'il était, vivant un peu à l'écart, étudiant sans bruit les questions métaphysiques ou morales, instruisant quelques disciples, écrivant parfois des traités pour y consigner ses doctrines. La distinction entre le philosophe et le sophiste fut ainsi bien accentuée.

Mais il n'y avait pas d'incompatibilité entre l'une et l'autre profession; si elles différaient, elles ne s'excluaient pas. Rien n'empêchait que le même homme ne réunît les deux qualités et ne fût à la fois orateur et philosophe. Les premiers sophistes, qui furent, comme nous venons de le voir, des philosophes s'appliquant à l'éloquence, n'avaient point, pour cela, cessé d'être des philosophes. Plus tard, quand les rhéteurs se séparèrent de la philosophie, ils furent simplement appelés sophistes. Ceux, au contraire, qui, tout en cultivant l'éloquence, revinrent aux études philosophiques, furent en même temps sophistes et philosophes.

Telle fut justement la situation de Favorin. Il voulut être philosophe et orateur.

Philostrate, en composant les *Vies des sophistes*, déclare dans sa préface qu'il va commencer par ceux qui, ayant été surtout des philosophes, s'attachèrent à revêtir d'une forme éloquente l'expression de leurs idées et reçurent pour ce motif le nom de sophistes, « bien qu'en réalité ils ne le fussent pas;

ἐπειδὴ οὐκ ὄντες σοφισταί. » La vie de Favorin termine cette première série. Et après l'avoir écrite, le biographe ajoute : « Tout ce que je viens de raconter se rapporte à ceux qui, ayant embrassé la philosophie, eurent aussi le renom d'être des orateurs. Ceux dont je vais maintenant m'occuper furent proprement appelés sophistes [1]. »

De ces deux qualités réunies chez Favorin, l'une ne l'emporta-t-elle pas sur l'autre ? Faut-il le considérer surtout comme un orateur ou comme un philosophe ?

Suidas, après l'avoir traité d'homme de grande science, a dit qu'il était « pleinement versé dans la philosophie, mais plus particulièrement adonné à la rhétorique, φιλοσοφίας μεστός, ῥητορικῇ δὲ μᾶλλον ἐπιθέμενος. »

Il y a là une légère inexactitude : Favorin fut principalement philosophe.

___

[1] Τοσαῦτα μὲν ὑπὲρ τῶν φιλοσοφησάντων ἐν δόξῃ τοῦ σοφιστεῦσαι. Οἱ δὲ κυρίως προσρηθέντες σοφισταὶ ἐγένοντο οἵδε. — *Vies des sophistes*, liv. I, ch. VIII.

Les textes de Philostrate que nous venons de citer ne laissent aucun doute à cet égard. Le biographe dit encore, en tête du chapitre consacré à Favorin : « Ce fut pareillement l'éloquence qui rendit illustre parmi les sophistes *le philosophe Favorin.* Ὁμοίως καὶ Φαβωρῖνον τὸν φιλόσοφον ἡ εὐγλωττία ἐν σοφισταῖς ἐκήρυττεν. »

Presque toutes les fois qu'Aulu-Gelle parle de lui, il ajoute à son nom le titre de philosophe, qu'il lui fait donner aussi par divers interlocuteurs avec lesquels il le met en scène. Nous verrons dans Philostrate Favorin lui-même, quand il demande à l'empereur de le dispenser d'une charge publique, invoquer sa qualité de philosophe ; et Aulu-Gelle lui fait dire, à la suite d'une discussion sur le sens d'un mot : « *Bien que je me sois adonné à la philosophie,* je n'ai pas négligé de m'instruire en toutes ces matières... [1] »

---

[1] *Nuits att.*, liv. IV, ch. ɪ. « Hæc ego, inquit, quum philosophiæ me dedissem, non insuper tamen habui discere... »

Enfin, parmi les livres qu'il écrivit, et dont nous ne connaissons que les titres, se trouvaient de nombreux ouvrages de philosophie.

Des deux maîtres de qui Favorin écouta les leçons, l'un fut exclusivement philosophe, l'autre tout à la fois orateur et philosophe.

Le philosophe était Épictète. On sait qu'il vit le jour à Hiéropolis en Phrygie, et qu'il fut esclave d'Épaphrodite, favori de Néron. Il professa toujours et mit en pratique le plus rigoureux stoïcisme. Qui ne connaît ce trait d'héroïque patience? Son maître lui serrait la jambe avec force. « Vous allez me la casser, » dit Épictète. Le maître persiste: la jambe se rompt. « Je vous avais bien prévenu, » se contente de dire l'esclave philosophe. Devenu libre, probablement à la mort d'Épaphrodite, il vécut à Rome jusqu'à l'époque où, sous Domitien, les philosophes étant contraints de s'exiler, il se rendit à Nicopolis en Épire. D'après Spartien, Hadrien eut pour lui beaucoup d'amitié. Il dut alors revenir à Rome. Il demeura toujours pauvre. Il avait composé sur lui-même un distique grec qu'Aulu-Gelle a conservé et que l'on pourrait traduire ainsi :

Épictète naquit esclave ; il est boîteux
Et pauvre comme Irus, mais il est cher aux dieux [1].

Épictète n'écrivit rien. Mais un de ses disciples, Arrien, recueillit soigneusement ses entretiens et ses maximes, ce qui nous a permis d'apprécier combien ses doctrines, que l'on dirait illuminées des reflets du christianisme naissant, furent élevées, austères et pures. Toute sa philosophie se résumait en cette formule célèbre : « Ἀνέχου καὶ ἀπέχου ; *sustine et abstine* ; endure les peines, abstiens-toi des plaisirs. »

Il n'y a pas certitude absolue que Favorin ait eu pour maître Épictète. Aulu-Gelle a relaté certaines opinions de ce philosophe, signalées par Favorin dans un de ses entretiens. « J'ai entendu rapporter par Favorin que le philosophe Épictète avait dit... » Et

_______________

[1] *Nuits att.*, liv. II, ch. XVIII.

plus loin : « Le même Épictète, d'après ce que je tiens encore de Favorin, avait coutume de dire... [1] » Aulu-Gelle ne dit pas formellement que Favorin avait recueilli ces propos de la bouche d'Épictète, mais aux expressions dont il se sert, il nous semble qu'il y a tout lieu de le supposer.

Au sujet de l'autre maître dont Favorin suivit les enseignements, aucun doute n'est possible; nous avons ici le propre témoignage, rapporté par Philostrate, du disciple lui-même. Ce maître qui fut, comme son élève, orateur et philosophe, était Dion de Pruse, que l'admiration de ses contemporains surnomma *Bouche d'or*. Il professa aussi des théories philosophiques d'une remarquable élévation, et son éloquence était telle, au dire du biographe des sophistes, qu'elle rappelait celle de Démosthène et de Platon.

---

[1] Favorinum ego audivi dicere, Epictetum philosophum dixisse... Præterea idem ille Epictetus, quod ex eodem Favorino audivimus, solitus dicere est... Liv. XVII, ch. XIX.

Déjà célèbre au temps de Vespasien, celui-ci le consulta, en compagnie de deux autres philosophes, ses amis, Apollonius de Tyane et Euphrate de Tyr, pour savoir s'il devait accepter l'empire [1].

Lorsque Domitien proscrivit les philosophes, Dion Chrysostome s'exila dans la région du Danube, chez les Gètes ; et encore la terreur inspirée par le féroce empereur était si grande, qu'il crut nécessaire de se faire oublier. Il cache son nom et il est obligé, pour gagner sa vie, de bêcher la terre, de puiser de l'eau, de se livrer à toutes sortes de travaux pénibles dans le camp des légions romaines qui se trouvaient là en station. Mais il se consolait de cette dure condition avec deux livres qu'il avait emportés : un dialogue de Platon et une harangue de Démosthène. Un jour, le bruit se répand que Domitien a été assassiné. A cette nouvelle les soldats se révoltent. Dion arrive au camp, où le tumulte gronde. Il s'élance

[1] Philostrate, *Vie d'Apollonius de Tyane*, liv. V.

sur un autel pour dominer la foule, il arrache les vêtements qui le déguisent, et récitant ce vers d'Homère :

Enfin le sage Ulysse a quitté ses haillons,

il découvre qu'il est, non point le mendiant que l'on croyait, mais l'illustre Dion Bouche d'or. Il attaque la mémoire du tyran, il exhorte les soldats à obéir aux ordres du Sénat, et par la force de son éloquence il les subjugue et les apaise.

Trajan lui témoigna une flatteuse amitié. A Rome, l'apercevant un jour sur le parcours du cortége triomphal, il le fit monter sur son char doré et lui adressa ces paroles : « Je ne sais ce que tu en diras, mais je t'aime autant que moi-même [1]. »

Dion exerça longtemps sur plusieurs villes de la Grèce et de l'Asie-Mineure une grande autorité morale. Il reprenait, dit Philostrate, les cités qui s'abandonnaient au désordre ;

_______

[1] *Vies des sophistes*, liv. I, ch. vii, Dion.

mais il le faisait avec modération, sans aucune amertume, de même que l'on refrène l'ardeur d'un cheval avec le mors plutôt qu'avec le fouet. La protection qu'il étendit à ces différentes cités leur valut aussi de précieux avantages matériels; il favorisa particulièrement Pruse sa patrie, qu'il s'efforça d'embellir, mais qui ne se montra pas toujours reconnaissante envers lui.

D'ailleurs les dimensions de notre cadre ne nous permettent pas de suivre Dion dans toutes les péripéties de son existence. Nous parlerons seulement de ses doctrines, quand le moment sera venu d'étudier le système philosophique adopté par Favorin.

V I

Le séjour de Favorin dans l'Asie-Mineure fut marqué par la rivalité qui éclata entre Polémon et lui, et qui eut toutes les proportions d'un événement. L'Ionie se divisa en deux camps; et dans cette guerre littéraire les deux grandes villes d'Éphèse et de Smyrne prirent parti l'une contre l'autre.

Polémon est une des plus curieuses personnalités de l'époque. Né à Laodicée, issu d'une famille illustre d'où sortirent, avant comme après lui, plusieurs consulaires, il s'adonna de bonne heure à la rhétorique et parvint bientôt à l'apogée de la gloire. Nul ne s'éleva plus haut que lui sur les ailes de l'éloquence. Les contemporains rendirent à son mérite les hommages les plus flatteurs. Le célèbre rhéteur Hérode Atticus avait payé vingt-cinq myriades [1] le plaisir de l'entendre déclamer à Athènes. Lui-même venait un jour d'improviser aux jeux olympiques un discours qui avait excité chez ses auditeurs le plus vif enthousiasme, et comme on l'acclamait en lui disant: « Vous êtes un autre Démosthène! — Je voudrais être un autre Polémon, » répondit-il [2]. Après l'achè-

---

[1] 150,000 drachmes.
[2] *Vies des sophistes*, liv. I, ch. xxv, Polémon.

vement du temple de Jupiter olympien à Athènes, commencé depuis 560 ans, Hadrien, voulant en faire la dédicace avec la plus grande solennité, choisit Polémon comme l'orateur le plus digne d'y prononcer le discours d'inauguration.

Bien qu'il ne se montrât pas oublieux de Laodicée, sa ville natale, Polémon fit de Smyrne sa patrie d'adoption. Par sa splendeur Smyrne tenait le premier rang parmi les villes de l'Asie-Mineure, « comme la cithare parmi les instruments de musique, » suivant l'expression de Philostrate [1]. La présence de Polémon valut à l'opulente cité des avantages de toute sorte. L'école qu'il y ouvrit attira, tant du continent que des îles, les jeunes gens les plus riches et les plus distingués. Il apaisa des dissensions intestines qui existaient entre les habitants de la ville haute et ceux des bords de la mer. Il ne paraît pas avoir été revêtu d'aucune magistrature ; mais il conseillait et dirigeait

---

[1] *Vie des sophistes*, liv. I, ch. XXI, Scopélianus.

les citoyens chargés de gérer les affaires publiques. Si des dissentiments surgissaient chez les particuliers, il cherchait à les étouffer, il imposait des transactions. Dans l'intérêt des mœurs publiques, il faisait chasser de Smyrne les adultères, les sacriléges et les meurtriers.

L'empereur Hadrien avait favorisé la ville d'Éphèse. Polémon détourna vers Smyrne les libéralités impériales. Il obtint d'un coup un don de mille myriades, somme avec laquelle on construisit un marché, un gymnase et un temple magnifiques.

Polémon avait eu lui-même belle part aux largesses des empereurs. Trajan avait décidé qu'il voyagerait sur terre et sur mer, sans qu'il lui en coutât jamais rien. Hadrien étendit cette concession à ses descendants, le dispensa de rendre compte des sommes qu'il lui avait fait remettre pour l'embellissement de Smyrne, et lui accorda une place au Musée d'Égypte, vaste établissement fondé à Alexandrie pour y loger les hommes de lettres les plus illustres de tout l'univers [1].

Mais aussi quel orgueil avait développé chez Polémon le sentiment de son importance ! Il vivait à Smyrne avec le plus grand faste. Sa maison était la plus somptueuse. Quand il entreprenait un voyage, il se faisait suivre d'un pompeux équipage ; il emmenait de nombreux esclaves, des chevaux, des meutes de chiens de chasse ; son attelage avait des freins d'argent.

Son arrogance était extrême. Il se considérait, au dire du biographe, comme supérieur aux cités ; il ne se croyait en rien inférieur aux princes ; il traitait d'égal à égal avec les dieux. Et les exemples viennent aussitôt confirmer cette assertion.

Lorsqu'il déclama pour la première fois à Athènes, au lieu de chercher à captiver par des compliments les sympathies de l'audi-

[1] Τὸ δὲ Μουσεῖον τράπεζα Αἰγυπτία ξυγκαλοῦσα τοὺς ἐν πάσῃ τῇ γῇ ἐλλογίμους. — *Vies des sophistes*, liv. I, ch. XXII, Denys de Milet.

toire, comme c'était l'usage de tous les rhéteurs, il débuta ainsi: « Vous avez, Athéniens, la réputation d'être de fins connaisseurs en éloquence. Je vais en juger. » Il agissait sans plus de façon avec les dieux. Se trouvant à Pergame et souffrant de douleurs articulaires, il alla passer la nuit dans le temple d'Esculape. Le dieu lui apparut en songe et lui conseilla de s'abstenir de toute boisson froide. La prescription était peut-être salutaire. « Tu es bien le meilleur des dieux, dit Polémon en s'éveillant; mais qu'ordonnerais-tu donc si tu avais à soigner un bœuf? » Il n'avait pas plus d'égards pour les grands. Un jour le proconsul d'Asie arrive à Smyrne et demande l'hospitalité dans la maison de Polémon, la plus belle, nous l'avons dit, de toute la ville. Polémon était absent; mais il revient pendant la nuit, et son premier soin est de faire sortir de chez lui le haut dignitaire. Heureusement ce proconsul devait être le prince auquel un vote du Sénat, ratifié par la postérité, donna le nom d'Antonin le Pieux. Hadrien, avant de mourir, tint à réconcilier le célèbre sophiste avec son successeur. Antonin était sans fiel. Il pardonna, et de plus il accorda de nouveaux honneurs à Polémon. Mais, en diverses occasions, il témoigna, par de fines railleries, qu'il n'avait pas oublié le mauvais procédé du rhéteur. Celui-ci, présidant certains jeux, fit, au début d'une tragédie, sortir du théâtre un acteur qui lui déplaisait. Le tragédien alla se plaindre à l'empereur. « A quelle heure, lui demande le prince, as-tu été renvoyé de la scène? — A midi, répond l'acteur. — Eh bien! pour moi, dit Antonin, ce fut bien pis; Polémon me mit dehors à minuit, et je ne me suis plaint à personne. »

L'orgueil de Polémon le suivit jusqu'à la tombe. « Fermez bien mon sépulcre, dit-il à son lit de mort, afin que le soleil ne puisse pas voir Polémon réduit à se taire [1]. »

----

[1] *Vies des sophistes*, liv. I, ch. xxv. — D'après Philostrate, Polémon n'avait que 56 ans lorsqu'il mourut. Il n'est pas aisé de reconstituer la chronologie. Polémon fut connu de Marc-Aurèle. Dans la correspondance de celui-ci avec Fronton, on trouve une lettre où il formule

L'éloquence de Polémon était chaude, inspirée, passionnée, impétueuse, ayant l'éclat, dit Philostrate, de la trompette

un jugement sur l'éloquence du célèbre rhéteur qu'il venait d'entendre déclamer ; jugement curieux, qui se résume en cette conclusion : Polémon sacrifie l'agréable à l'utile, et provoque l'admiration, mais sans émouvoir le cœur. Marc-Aurèle a écrit cette lettre en l'an du consulat de Fronton, et par conséquent avant son avènement à l'empire, car son ancien précepteur, en lui répondant, se donne le titre de consul. Mais Polémon était encore vivant quand Marc-Aurèle devint empereur ; c'est ce qui semble résulter clairement d'un texte de Philostrate (I, xxxv). En supposant qu'il n'ait vécu que jusqu'à la deuxième année du règne de ce prince, 162, ayant alors atteint 56 ans, il serait né en 106, neuvième année du règne de Trajan. Mais comment concilier cette date avec le passage du même Philostrate où il est dit que cet empereur lui accorda le droit de voyager gratuitement sur terre et sur mer? Trajan mourut en 117. Et à cette époque, si Polémon était né en 106, il n'aurait eu que 11 ans. Philostrate assure bien qu'il fut précoce (I, xxii, Denys de Milet). L'aurait-il été au point de mériter une si grande faveur dans un âge aussi tendre? On voit combien il est difficile de déterminer des dates. S'il est exact que Polémon soit mort à 56 ans, et sous le règne de Marc-Aurèle, tout ce que l'on peut admettre, c'est qu'il était plus jeune que Favorin.

olympique. Il avait eu pour maître, pendant quatre ans, le rhéteur Timocrate, qui était doué de la même véhémence, et qui s'excitait en faisant un discours, au point d'avoir la barbe et les cheveux hérissés comme la crinière d'un lion.

On comprend qu'avec ce caractère orgueilleux et violent, Polémon offusqué par la gloire de Favorin, ait voué à ce rival une haine implacable.

La situation de Favorin à l'égard des Éphésiens était la même que celle de Polémon chez les Smyrniotes. La ville d'Éphèse le disputait, pour la grandeur et la beauté, à celle de Smyrne : Philostrate lui donne l'épithète de ἐπιφανεστάτη, très brillante, très illustre [1]. Nous avons mis une certaine complaisance à faire connaître la prépondérance acquise, l'autorité exercée à Smyrne par le rhéteur de Laodicée ; nous avons par là même décrit le rôle que jouait à Éphèse le sophiste arlésien. Avant que l'influence de

_______________

[1] *Vies des sophistes*, liv. I, XXII, Denys de Milet.

Polémon les eût attirés vers Smyrne, les bienfaits d'Hadrien s'étaient répandus sur les Éphésiens : le texte de Philostrate le dit expressément. C'était, sans aucun doute, à la considération de Favorin, qui fut pendant quelque temps en très grand crédit auprès de l'Empereur.

A quelles hostilités se livrèrent les deux rhéteurs ennemis? Ils se combattirent par des discours, des pamphlets, des diatribes haineuses qu'ils composèrent ou débitèrent l'un contre l'autre. L'éloquence leur fournit les armes dont ils firent usage. Polémon, nous venons de le voir, était fougueux et emporté. Favorin avait plus de douceur; mais il était très spirituel, très mordant, et sa verve caustique faisait de lui un antagoniste à redouter.

Les gens de lettres ont toujours été facilement irritables, et trop souvent enclins, même avant Trissotin et Vadius, à se laisser aller en paroles aux plus fâcheuses extrémités. Les deux adversaires, paraît-il, se déchirèrent à belles dents. Philostrate, disposé à louer plutôt ceux dont il écrit l'histoire, n'a pu en cette occasion s'empêcher de les blâmer; non, dit-il, à cause de la jalousie qu'ils éprouvèrent: c'est un sentiment toujours vivace dans le cœur humain, dont ne sont pas exempts les hommes mêmes les plus sages, et qui est encore plus naturel chez des concurrents livrés aux mêmes travaux. Mais il réprouve leurs attaques injurieuses et passionnées, leurs incriminations déréglées; ces violences de langage, ainsi qu'il le fait justement remarquer, déshonorent, même quand elles sont motivées par des faits vrais, celui qui s'y laisse entraîner.

Dans cette guerre de satires et d'épigrammes, Polémon surtout, stimulé par les ardeurs de son tempérament, dut dépasser toute mesure. Ce qui le prouve, c'est qu'il eut à subir, à ce sujet, les reproches de Timocrate, son maître. Il essaya de justifier sa conduite à l'égard de Favorin, mais il finit par courber la tête sous les remontrances de Timocrate, « semblable à ces enfants qui appréhendent la férule de leur précepteur, quand ils ont commis quelque méfait. » Ce trait est significatif et montre bien que Polémon ne put pas faire autrement que de se reconnaître coupable. Car il est à remarquer qu'une semblable rivalité avait éclaté entre ce même Timocrate et Scopélianus : deux partis s'étaient formés parmi la jeunesse de Smyrne. Polémon, disciple de l'un et de l'autre rhéteur, avait embrassé la cause du premier qu'il appelait « son père en éloquence. » Toutes ces raisons devaient lui permettre de ne pas craindre beaucoup la sévérité de Timocrate. Si donc, malgré l'immense orgueil dont il était possédé, il prit sous le coup de ces reproches une attitude si humble, c'est qu'il rougissait évidemment d'être allé trop loin dans sa polémique contre Favorin.

Dans l'emportement de sa haine, Polémon, en effet, était homme à ne reculer devant rien. Il ne manqua pas de prendre pour thème de ses invectives contre son rival l'état d'infirmité sexuelle que nous avons signalé.

Il conversait un jour avec son ancien maître. Celui-ci traitait de loquacité la grande facilité d'élocution qui distinguait Favorin. Et Polémon de lui répondre aussitôt par cette allusion : « Oui, dit-il, c'est en tout une vieille femme [1]. »

Les Smyrniotes, — Philostrate nous l'apprend, — prirent parti pour Polémon, et les Éphésiens pour Favorin. Nous avons vu de quelle façon rivalisaient entre elles et combien se jalousaient toutes ces cités grecques ou asiatiques, vivant encore de leur vie propre, ayant conservé leur autonomie intérieure. Tout leur était sujet d'envie. Éphèse qui avait joui, grâce à Favorin, des libéralités d'Hadrien, dut éprouver un amer ressentiment en voyant naître la faveur de Smyrne. Qui sait si dans un autre temps, à propos de la querelle de leurs sophistes, ces deux villes ne se seraient pas livré bataille ?

D'ailleurs l'Asie-Mineure ne fut pas le seul théâtre de cette guerre entre les deux

[1] « Πᾶσα γραῦς, » dit Polémon.

rhéteurs. Le temps n'affaiblit pas leurs ini-
mitiés. Et plus tard la lutte se poursuivit à
Rome, non moins ardente. Polémon et
Favorin divisèrent l'aristocratie romaine
comme ils avaient rendu ennemies les deux
cités ioniennes. Philostrate dit qu'à Rome
ils eurent pour auditeurs les plus grands
personnages, des consulaires ou des fils de
consulaires. Chacun des deux lutteurs eut
ses partisans. L'appui et les encouragements
qu'ils obtinrent l'un et l'autre prolongèrent
leur rivalité.

Le retentissement de ces combats oratoires, l'impression qu'ils produisirent dans
le monde littéraire, furent durables. Nous
en trouvons le souvenir empreint dans un
des plus curieux dialogues de Lucien, *l'Eunuque*. En écoutant les interlocuteurs du
dialogue, on croit entendre l'écho de la
mémorable lutte que soutinrent ensemble
les deux célèbres sophistes, et l'on va voir
si Lucien, comme nous le pensons, n'a pas
eu l'intention de retracer les débats de
Favorin et de Polémon.

Il met en scène deux personnages qu'il nomme Pamphile et Lycinus.

Pamphile aborde Lycinus.

« PAMPHILE. — D'où viens-tu, Lycinus, et pourquoi ris-tu de si bon cœur? Tu es gai de ton naturel, mais il me semble que tu as dû voir quelque chose de bien amusant, pour ne pas pouvoir ainsi réprimer ton envie de rire.

« LYCINUS. — J'arrive de l'Agora, et tu vas rire comme moi, quand je t'aurai dit quelle est la cause que plaident l'un contre l'autre deux philosophes.

« PAMPHILE. — Il est déjà assez plaisant de voir les philosophes se faire des procès, eux qui devaient résoudre amiablement leurs différends.

« LYCINUS. — Amiablement, dis-tu? Ils viennent de s'accabler réciproquement d'invectives, vociférant et se disputant avec une extrême vivacité.

« PAMPHILE. — Est-ce une question littéraire qu'ils débattaient avec tant de chaleur, en défendant chacun les opinions d'une secte différente?

« Lycinus. — En aucune façon. Ils professent l'un et l'autre les mêmes doctrines et appartiennent à la même école. On leur avait donné pour juges des hommes avancés en âge, pris parmi les plus compétents, et devant lesquels ils auraient dû rougir du moindre écart de langage.

« Pamphile. — Dis-moi donc quel était l'objet du débat, afin que je sache sans plus tarder ce qui te fait rire si fort. »

Lycinus rapporte que l'une des quatre chaires de philosophie fondées par l'empereur est devenue vacante [1]. Ces chaires,

---

[1] Par lequel des empereurs avaient été fondées les chaires dont parle Lucien ? Suétone dit de Vespasien qu'il fut le premier à rétribuer avec l'argent du fisc des rhéteurs grecs et latins (*Vesp.* xviii). Philostrate mentionne divers rhéteurs qui auraient successivement occupé à Athènes une chaire impériale ; mais comme il emploie toujours le singulier, il semble qu'il n'existait qu'une seule chaire, réservée à l'éloquence (ὁ τῶν σοφιστῶν θρόνος.) Lollianus d'Éphèse en avait été le premier titulaire ; mais dans un autre passage Philostrate paraît indiquer qu'un rhéteur nommé Théodote aurait été le premier à recevoir la rémunération officielle de dix mille drachmes.

attribuées aux Stoïciens, aux Épicuriens, aux Platoniciens et enfin aux Péripatéticiens, valent à celui qui les occupe un traitement de dix mille drachmes.

Le titulaire de la quatrième chaire vient de mourir, et il s'agit de lui nommer un successeur. Un concours est ouvert pour choisir le plus digne. Plusieurs champions sont descendus dans la lice. Mais deux des concurrents se sont fait plus particulièrement remarquer : le vieux Dioclès, et Bagoas, qui passe pour eunuque [1]. Les deux candidats ont d'abord montré qu'ils étaient l'un et et l'autre imbus des doctrines d'Aristote et ils ont fait preuve d'un égal mérite. Mais alors Dioclès, cessant de faire parade de son savoir, a pris à partie la personne de Bagoas

[1] Ce n'est pas sans raison que Lucien appelle *Bagoas* celui des deux concurrents que l'on croit eunuque. Le nom de Bagoas avait été porté par deux eunuques dont l'histoire a conservé le souvenir. Le premier, égyptien de naissance, se rendit célèbre comme ministre du roi de Perse Artaxerxès Ochus, qu'il fit périr ensuite par le poison. L'autre était persan et devint le favori d'Alexandre-le-Grand.

et s'est mis à attaquer sa vie ; Bagoas a usé de représailles. Ils s'étaient mutuellement jeté à la tête mille injures, lorsque Dioclès a prétendu que Bagoas n'avait pas le droit de se donner pour philosophe et de briguer les avantages attachés à ce titre, étant eunuque. Il ajoute que les individus de cette espèce devraient être exclus de toute fonction et même de toute assemblée, comme des créatures dont la vue seule peut devenir funeste à celui qui les rencontre le matin en sortant de sa maison. Il s'est longuement étendu sur ce sujet, disant que l'eunuque n'appartient à aucun des deux sexes, et doit être regardé comme un être ambigu, hors nature, monstrueux.

« PAMPHILE. — Voilà, certes, un crime d'un nouveau genre, et je ris moi-même en entendant cette accusation inattendue. Mais quelle a été la contenance de Bagoas? A-t-il baissé la tête, ou bien a-t-il osé répondre à cet étrange grief?

« LYCINUS. — La confusion ou la crainte lui a, pendant quelque temps, ôté l'usage de la parole. Il rougissait, on voyait qu'il suait sang et eau. Enfin, d'une voix flûtée et féminine, il a répondu que Dioclès avait tort de vouloir interdire la philosophie aux eunuques, quand des femmes mêmes en avaient fait profession. Il invoquait pour exemple Aspasie, Diotime, Thargélie, et cet eunuque venu de la Gaule, qui embrassa les doctrines académiques et se rendit illustre parmi les Grecs à une époque assez rapprochée de la nôtre [1]. Mais l'intraitable Dioclès, si ce Gaulois eût été encore vivant et se fût porté concurrent, l'aurait repoussé sans égard pour sa grande renommée ; et il rappelait de quelles railleries l'avaient criblé les Stoïciens et surtout les Cyniques, à propos de l'imperfection de son organisme. »

Le débat continue devant les juges attentifs, chargés de résoudre cette grave question : un eunuque peut-il s'adonner à la philosophie et l'enseigner à la jeunesse ?

---

[1] « ... καὶ τις Ἀκαδημαϊκὸς εὐνοῦχος ἐκ Κελτῶν ὀλίγον πρό ἡμῶν εὐδοκιμήσας ἐν τοῖς Ἕλλησιν. »

Dioclès soutient que le philosophe doit être un homme jouissant de l'intégrité de ses facultés naturelles, qu'il a besoin surtout d'une barbe touffue propre à inspirer du respect aux gens qui l'approchent, à lui donner de l'autorité sur les étudiants, digne enfin des dix mille drachmes que l'empereur accorde. L'eunuque est d'une condition inférieure même à celle des individus que le fer a privés de leur sexe. C'est un être équivoque, comme les corneilles que l'on ne peut ranger ni parmi les corbeaux ni parmi les pigeons.

Bagoas répond qu'en matière de philosophie il faut considérer non point les avantages du corps, mais la valeur de l'esprit et l'étendue des connaissances acquises. Aristote, dont il cite le témoignage, conçut une telle admiration pour l'eunuque Hermias, tyran d'Atarne, qu'il lui offrit un sacrifice comme à un dieu. Bagoas ne craint pas d'ajouter que pour instruire des jeunes gens, un eunuque lui paraît bien préférable: celui-là, au moins, ne sera point atteint par les soupçons qui n'épargnèrent pas Socrate lui-même, accusé de corrompre la jeunesse. Quant à son menton imberbe, il fait là-dessus diverses plaisanteries : si c'est, dit-il, à l'épaisseur de la barbe que l'on doit juger du mérite d'un philosophe, les boucs devront l'emporter sur qui que ce soit.

On en était là lorsqu'un quidam survient et s'adressant aux juges : « Quoique Bagoas, leur dit-il, ait le visage sans barbe, la voix d'une femme et toutes les apparences d'un eunuque, en réalité il ne l'est point, et vous pourriez vous en assurer facilement. Si ce qu'on m'a raconté est vrai, il fut un jour surpris en flagrant délit d'adultère et poursuivi pour ce fait. Mais devant les juges, grâce à son extérieur, il parvint à se faire passer pour eunuque et obtint par là d'être acquitté. Maintenant qu'il s'agit de gagner dix mille drachmes, il va sans doute avouer sa supercherie. »

A ces mots, dit Lycinus, tout le monde éclate de rire. Bagoas se trouble, change de couleur ; il a des sueurs froides. Il trouvait

peu séant de se reconnaître coupable d'adultère et il pensait que ce délit lui serait
pourtant bien utile dans le combat actuel.

« PAMPHILE. — C'est à mourir de rire,
et vous avez eu là un divertissement d'un
nouveau genre. Comment tout cela s'est-il
terminé et qu'ont décidé les juges?

« LYCINUS. — Les avis étaient partagés.
Pour savoir si Bagoas se trouvait en état de
philosopher, les uns voulaient qu'on le
dépouillât de ses vêtements, comme un
esclave à vendre. Les autres, plus drôles
encore, proposaient de le soumettre à l'épreuve
du congrès avec une courtisane, sous le
contrôle de l'un des juges, le plus âgé et le
plus digne de confiance, qui serait présent
pendant que Bagoas philosopherait avec
cette femme. Enfin, chacun se tordant, on
décide de renvoyer à Rome la solution de
l'affaire. »

En achevant son récit, Lycinus ridiculise,
par des gauloiseries difficilement traduisi-
bles, les détracteurs de Bagoas qui voulaient considérer comme un instrument

indispensable pour l'étude de la philosophie, les avantages physiques dont celui-ci aurait été privé. « Il paraît, dit-il, que c'est là la marque certaine, le signe infaillible auquel on reconnaît le bon philosophe. Et comme j'ai un fils encore en bas âge, je souhaite, quand il deviendra grand, non point qu'il soit doué de raison ou d'éloquence, mais qu'il ne soit pas dépourvu de cet attribut essentiel de la philosophie. »

Tel est, analysé plutôt que traduit, le dialogue de l'*Eunuque*.

L'impitoyable railleur a voulu, dans cette œuvre, tourner en dérision les rivalités qui s'élevaient parmi les philosophes, même quand il y avait chez eux communauté d'école, comme pour Dioclès et Bagoas. Mais est-il possible de mettre en doute que Lucien, en composant son dialogue, n'avait pas plus particulièrement en vue Favorin et Polémon? Au moment où il écrivait, il n'y avait pas longtemps que le philosophe arlésien était mort; nous avons vu Bagoas citer l'exemple de cet eunuque gaulois, « qui se rendit illustre parmi les Grecs à une époque assez rapprochée de la nôtre [1]. » Évidemment, dans la pensée de Lucien, le personnage de Bagoas n'était autre que Favorin lui-même. Il n'osa pas le mettre en scène sous son véritable nom ; ce nom était encore protégé par l'éclat de la gloire que le philosophe avait conquise, et dont Lucien même rend témoignage. Mais, sauf le nom, l'identité est complète. Bagoas est eunuque, et, à part Favorin, il n'y a pas d'eunuque célèbre dans la philosophie ; de même que Bagoas se prévaut de l'exemple de Favorin,

[1] Entre Favorin et Lucien il ne s'était pas écoulé un long intervalle de temps. Nous parlerons plus loin d'un philosophe nommé Démonax, qui vécut à Athènes, et dont Lucien a complaisamment raconté l'existence singulière. Il déclare qu'il l'a connu et beaucoup fréquenté. Or, nous verrons que Favorin se trouvait à Athènes en même temps que Démonax, et qu'ils eurent ensemble des relations. Sans doute Démonax, plus jeune que Favorin, lui survécut. Mais puisque Lucien a pu connaître Démonax, qui lui-même avait connu Favorin, il faut nécessairement en conclure qu'à l'époque où Lucien florissait, il n'y avait pas bien longtemps que le philosophe d'Arles avait disparu.

il n'aurait pas manqué de citer une autre
célébrité de même condition, s'il en avait
existé quelqu'une. Bagoas n'a pas de barbe,
il a la voix grêle, il suit les doctrines académiques, comme Favorin. Bagoas a été
poursuivi pour adultère; nous savons que
Favorin avait eu à se défendre contre la
même accusation. On voit que les traits de
ressemblance abondent.

Quoique Lucien n'épargne pas ses plaisanteries à Bagoas personnifiant Favorin, —
la verve de ce génie satirique ne respectait
rien, — cependant il prend énergiquement
son parti contre Dioclès représentant Polémon, et par les railleries de Lycinus, dont
il nous a fallu adoucir les crudités, il venge
Favorin de cet étrange grief tiré des incer-
titudes de son sexe.

Il est d'ailleurs inutile d'insister davantage
pour démontrer que Lucien, dans l'*Eunuque*,
a voulu peindre les deux célèbres rhéteurs
ennemis. Ce dialogue n'en reste pas moins
comme un intéressant spécimen des mœurs
littéraires du temps; et que telle ait été ou

non l'intention de Lucien, la dispute entre
Bagoas et Dioclès nous représente une fidèle
image de la lutte entre Favorin et Polémon.


## VII


Favorin dut passer une grande partie de
sa vie à Athènes. Il y ouvrit probablement
une école, peut-être occupa-t-il une des
chaires officielles fondées par les empereurs [1], mais assurément il fit les délices des
Athéniens par ces déclamations publiques,
qui étaient alors si goûtées. Il atteignit le
plus haut degré du succès. Et quel ne fut pas

[1] Cette hypothèse est très plausible si, comme nous
l'avons montré, l'eunuque Bagoas, mis en scène par
Lucien, n'est que la personnification de Favorin. Et
notons encore ce rapprochement : les Athéniens, ainsi
que nous allons le voir, élevèrent une statue à Favorin.
Or, le seul rhéteur auquel, outre le nôtre, Athènes ait
décerné un pareil honneur, le seul du moins pour lequel Philostrate signale une telle circonstance, tes
Lollianus d'Éphèse, premier titulaire de la chaire impériale.

son enivrement quand il vit Athènes, l'illustre, l'orgueilleuse Athènes, lui dresser une statue de bronze sur une de ses places publiques? Il est vrai que la faveur populaire, essentiellement instable, était beaucoup plus facile à perdre qu'à conquérir. Les Athéniens n'avaient pas cessé d'être, comme aux siècles précédents, un peuple léger, mobile, ingrat, prompt à brûler ce qu'il avait adoré. Aussi ne faut-il pas s'étonner si, dans un de ces revirements d'humeur si fréquents chez ce peuple, il courut jeter à bas la statue du philosophe disgracié.

Cet événement se rattache aux relations qui existèrent entre Favorin et l'empereur Hadrien, et nous devons, avant de le raconter, faire connaître quelles furent ces relations.

C'est une étrange figure historique que celle d'Hadrien; nature indéfinissable, faite de contrastes, et dans laquelle le bien et le mal composèrent un singulier alliage.

Doué d'aptitudes spéciales pour les lettres et les arts, il peignait, il sculptait, il composait de la musique, il écrivait en prose et en vers. La littérature grecque avait toutes ses prédilections. Dès son jeune âge, il reçut, à cause de cette préférence, le surnom de « petit Grec, *Græculus*. » Quand il parvint à l'empire, il songea d'abord à satisfaire ses goûts d'artiste et d'archéologue, en allant contempler toutes les magnificences du monde soumis à son autorité. Quel beau rêve il allait ainsi réaliser! La civilisation antique rayonnait alors d'une splendeur incomparable. La Grèce, l'Égypte, l'Asie étaient peuplées de chefs-d'œuvre que les siècles accumulaient, et qu'ils se transmettaient intacts et respectés. Hadrien voulut accroître les richesses artistiques de ces contrées privilégiées: il acheva les monuments commencés, il en construisit de nouveaux.

Mais il y avait deux hommes chez Hadrien: à côté de l'artiste apparaissait le politique. Il se flattait de connaître à fond l'art de régner. Il possédait, en effet, la plupart des qualités d'un souverain, et son règne méritera toujours d'être admiré. Quoiqu'il eût appris

la science de la guerre, il dédaigna sagement
la gloire qu'elle aurait pu lui donner, et il
eut à cœur de procurer à ses peuples le
premier des biens, la paix, la paix au-dehors
comme à l'intérieur. Il contint d'une main
vigoureuse et prudente les barbares qui
menaçaient les frontières. Jurisconsulte
habile, législateur sagace, il améliora les lois
romaines. La discipline militaire s'était relà-
chée; il la rétablit dans toute sa rigueur. On
le vit, méprisant la fatigue, se mettre au premier rang des légions en marche, et cheminer
ainsi, au-devant de l'armée, à pied et toujours la tête nue. Mais le contraste ne tardait
pas à se manifester. Ce dur soldat se plongeait
dans d'indicibles débauches, et il affichait
ses infamies avec une telle impudeur qu'il
osa même déifier le vil objet de ses amours,
le jeune pâtre bithynien, le trop fameux
Antinoüs.

Puis il se passionnait de nouveau pour
la vie active et militante et se livrait avec
une extrême ardeur à l'exercice de la chasse,
où il se rompit une clavicule et une cuisse.

Il tuait de sa main un ours ou un lion, ce qui n'est pas un médiocre exploit; et délaissant aussitôt l'épieu du veneur pour la cithare du poète, il célébrait sa victoire dans une pièce de vers que le marbre était chargé de faire parvenir à la postérité [1].

[1] Le cheval qu'Hadrien préférait pour la chasse s'appelait *Borysthène*. Quand il mourut, son maître « lui éleva un tombeau, y érigea un stèle et y grava une inscription. » (Dion Cassius, liv. LXIX.) — Millin (*Voyages dans les départements du Midi de la France*, t. II, p. 512), mentionne une plaque de marbre trouvée à Antibes et portant ce mot : BOPYCΘH. Il se demande si ce ne serait pas le nom du cheval d'Hadrien. — Orelli (n° 824) cite une inscription découverte à Apt en 1604, et qui contient l'épitaphe de Borysthène :

BORISTENES ALANVS

CAESAREVS VEREDVS

PER AEQVOR ET PALVDES

ET TVMVLOS ET RVSCOS

VOLARE QVI SOLEBAT

PANNONICOS IN APROS...

On en a d'ailleurs suspecté l'authenticité. — M. Egger (*Comptes-rendus de l'Académie des inscriptions*, avril 1870), a traduit une épigramme en vers grecs, trouvée

Avec un penchant si prononcé pour la littérature et pour l'art, il devait naturellement rechercher la société des artistes et des lettrés.

Il aimait à les réunir autour de lui, il les admettait dans son intimité. Il les protégeait, et les comblait, avec une générosité instinctive, de tous les avantages imaginables. Mais il y avait pour eux, au milieu de cette faveur, un dangereux écueil : c'était l'excellence même de leur mérite. Très vaniteux et très envieux, Hadrien ne pouvait souffrir les supériorités, se jugeant lui-même supérieur à qui que ce fût. Et comme dans cette nature bizarre les contradictions se heurtaient toujours, lorsqu'on paraissait son ami intime, on n'était jamais si près de devenir pour lui un mortel ennemi.

près de Thespies, et très probablement composée par Hadrien : « Jeune archer, fils de Cypris à la douce voix, toi qui habites à Thespies l'Héliconnienne, près du jardin fleuri de Narcisse, sois favorable et accueille les prémices, que t'offre Hadrien, d'une ourse que, du haut de son cheval, il eut le bonheur de tuer... »

Et non-seulement la renommée des contemporains lui faisait ombrage, mais aussi la gloire des anciens. Homère lui était odieux. « Eh! laissez donc là votre vieil Homère! Il a fait son temps. C'est une réputation usurpée. Parlez-nous d'Antimaque. Avez-vous lu Antimaque? Quoi! vous ne connaissez pas Antimaque! Voilà, certes, un poète qui vaut bien mieux que votre rhapsode suranné. »

Si sa jalousie poursuivait ainsi les morts, qu'était-ce à l'égard des vivants? Malheur à qui l'offensait, et pour cela, il suffisait le plus souvent d'être arrivé à la célébrité. Il y avait dans l'âme d'Hadrien ce fond de cruauté produit presque toujours par l'excessive dépravation des mœurs. L'homme qui, au déclin de sa propre vie, ne craignit pas de faire périr son beau-frère Servianus, vieillard de quatre-vingt-dix ans, avait ordonné la mort du grand architecte Apollodore: un jour où, sous Trajan, Hadrien critiquait le plan d'un de ses monuments, Apollodore impatienté, faisant allusion aux natures-mortes que le futur empereur peignait alors, lui avait répondu : « Va peindre tes citrouilles ! car, pour ceci tu n'y entends rien. »

Hadrien dissertait volontiers avec les rhéteurs et les philosophes. Mais c'était surtout pour faire à leurs yeux étalage de son mérite personnel, et leur montrer qu'il les surpassait tous. Et cet esprit envieux et méchant prenait le plus grand plaisir à rire au nez de ces malheureux lettrés, à les tourner en ridicule, à les humilier de toutes les manières : *professores omnium artium semper, ut doctior, risit, contempsit, obtrivit*, dit Spartien [1].

Nous nous sommes attaché à dépeindre le caractère d'Hadrien parce que tous ces détails vont servir à expliquer la nature de ses rapports avec Favorin.

Notre philosophe fut d'abord en grande faveur. Il existait entre l'empereur et lui plus d'un point de ressemblance. Ils avaient

[1] *Vie d'Hadrien*, XV.

l'un et l'autre une remarquable mémoire, beaucoup de finesse, de goût et d'esprit. La même avidité les portait vers l'étude et ils aspiraient tous les deux à la science universelle. L'éloquence de Favorin, pleine de douceur et de grâce, devait rendre son commerce particulièrement agréable. Hadrien, tant que sa terrible jalousie ne s'éveilla point, parut animé envers lui des meilleures dispositions. Il lui témoigna même, au dire de Spartien, plus d'amitié qu'à nul autre [1].

Il se plaisait à disputer avec lui, ce qui provoque chez Philostrate un naïf étonnement. Le prince était bien bon, en vérité, et il faut le louer d'avoir consenti à raisonner, en le traitant ainsi comme son égal, avec un homme qu'il avait le droit de faire mourir [2]. Il est vrai que dans ces controverses avec le

---

[1] In summâ familiaritate Epictetum et Heliodorum philosophos, et (ne nominatim de omnibus dicam) grammaticos, rhetores, musicos, geometras, pictores, astrologos habuit; *præ cœteris*, ut multi asserunt, *eminente Favorino*. — *Vie d'Hadrien*, XVI.

[2] *Vies des sophistes*, liv. I, VIII.

maître du monde, Favorin, pour conserver ses bonnes grâces, dut souvent user de souplesse. Un jour, ils eurent ensemble une discussion à propos de la signification d'un mot. Hadrien critiquait le sens donné par Favorin; celui-ci n'osa pas soutenir son avis et s'inclina devant l'opinion impériale. Et comme ses amis lui reprochaient ensuite d'avoir, à tort, cédé à l'empereur, auquel il aurait pu opposer l'autorité des meilleurs écrivains, il se mit à rire et dit: « Vous ne parviendrez pas à me persuader, mes bons amis, que le plus savant de tous les hommes n'est point celui qui a sous ses ordres deux cent mille soldats [1]. » Mot charmant, fine et malicieuse épigramme, qui faisait justice de cet incroyable despotisme littéraire.

[1] « Non recte suadetis, familiares, qui non patimini me illum doctiorem omnibus credere qui habet triginta legiones. » (Spartien, *Vie d'Hadrien*, XV.) — Voici de quelle façon Montaigne (*Essais*, liv. III, ch. VII) a commenté ce trait: « Adrian l'empereur debatant avec le philosophe Favorinus de l'interpretation de quelque mot, Favorinus lui en quicta bien tost la victoire. Ses amys se plaignans à luy: « Vous vous moquez, fit-il; voudriez

Ce fut vraisemblablement à Athènes que commencèrent les relations d'Hadrien et de Favorin. Épris de tout ce qui appartenait à la Grèce, Hadrien aimait beaucoup la ville d'Athènes. Il y séjourna plusieurs fois. Il s'y trouvait à l'aise comme si c'eût été sa véritable patrie. Il y portait même l'habit du pays. Il y exerça deux fois les fonctions d'archonte; la seconde fois qu'il accepta cette charge, il était déjà empereur. L'incident qui fit encourir à Favorin la disgrâce des Athéniens se produisit, sans nul doute, pendant qu'Hadrien résidait chez eux.

Cet épisode est raconté par Philostrate. L'histoire de Dion Cassius, abrégée par Xiphilin, corrobore le récit du biographe [1].

vous qu'il ne fust pas plus sçavant que moy, luy qui commande à trente legions? » Auguste escrivit des vers contre Asinius Pollio : « Et moy, dict Pollio, je me tais : ce n'est pas sagesse d'escrire à l'envy de celui qui peut proscrire. » Et avoyent raison : car Dionysius, pour ne pouvoir esgaller Philoxenus en la poësie et Platon en discours, en condemna l'un aus carrieres et envoya vendre l'autre esclave en l'isle d'Ægine. »

[1] *Vies des sophistes*, liv. I, VIII. — Dion Cassius, *Histoire Romaine*, liv. LXIX.

Favorin fut élu grand-pontife, ἀρχιερεὺς, par les Arlésiens ses compatriotes.

C'était un honneur, mais c'était une charge.

Le titre d'ἀρχιερεὺς, que nous traduisons par grand-pontife, littéralement *archi-prêtre*, désignait le chef hiérarchique du corps sacerdotal d'une province ou d'une ville. Cette grande-prêtrise plaçait dans une situation très élevée celui qui en était revêtu, mais elle devait aussi lui imposer des dépenses importantes, et il fallait, pour l'exercer, avoir une grande fortune. C'est ce qui résulte d'un passage de Philostrate relatif au rhéteur Scopélianus, dans la famille duquel il semble que la dignité de grand-pontife d'Asie, ἀρχιερεὺς τῆς Ἀσίας, fût héréditaire [1].

----

[1] *Vies des sophistes*, liv. I, xxi. — Philostrate s'exprime ainsi au sujet de Scopélianus : « Ἀρχιερεὺς μὲν γὰρ ἐγένετο τῆς Ἀσίας... ὁ δὲ στέφανος οὗτος πολὺς καὶ ὑπὲρ πολλῶν χρημάτων. » Dans son commentaire du *Voyage archéologique* de Le Bas, M. Wadington (page 244) fait justement observer que le dernier membre de phrase doit se traduire ainsi : « Cette charge était un grand honneur et ne s'obtenait qu'en considération de grandes richesses » Il ajoute: « Le mot χρήματα désigne

Le grand-pontife était sans doute obligé de subvenir à certains frais, de mener un train en rapport avec l'éclat de sa position, peut-être même avait-il des jeux à donner. Enfin ces fonctions constituaient si bien une charge que les empereurs, parmi les avantages officiels accordés aux philosophes et aux rhéteurs, avaient décrété en leur faveur la dispense de divers services publics, et notamment du pontificat.

Quand ce haut sacerdoce ne se transmettait pas par hérédité, il était, comme pour Favorin, conféré par l'élection.

Il est facile de comprendre pourquoi les suffrages des Arlésiens allèrent en investir Favorin. Le bruit que leur illustre concitoyen

ici la fortune des personnes qui pouvaient prétendre à la charge, et non les dépenses faites en vue de l'obtenir. » M. Wadington n'admet pas, comme plusieurs l'ont cru, que la grande-prêtrise d'Asie fût héréditaire dans la famille de Scopélianus ; il suppose seulement que cette famille « était opulente depuis plusieurs générations, et que, par conséquent, ses représentants avaient pu remplir une charge pour laquelle une grande fortune était indispensable. »



7

faisait dans le monde était venu jusqu'à eux. Il charmait par son éloquence l'Asie-Mineure et la Grèce. Il jouissait de la faveur du souverain. Arles aurait à son tour le plaisir de l'entendre, la gloire de le posséder; sans compter que sa présence ne manquerait pas de diriger vers elle le cours des générosités impériales.

Mais la perspective d'aller pontifier à Arles ne plaisait guère au philosophe. Il se voyait contraint d'entreprendre un voyage long et pénible, et surtout de quitter Athènes, de renoncer pour un temps à sa profession, d'interrompre ses enseignements, d'abandonner toutes ses relations. Ce n'était pas là le moindre inconvénient de l'honneur inopiné que sa ville natale venait de lui infliger.

Bien décidé à s'y soustraire, il s'adresse à l'empereur. Il lui demande de le déclarer exempt du sacerdoce, attendu sa qualité de philosophe. Il invoque à ce sujet les constitutions impériales exonérant des fonctions publiques ceux qui se sont voués à la philosophie, constitutions établies par ses prédécesseurs, mais qu'Hadrien lui-même a confirmées lors de son avénement [1].

Grande fut sa stupeur quand il entendit le prince lui répondre qu'il avait tort de se donner pour philosophe ; quand il le vit se disposant à rejeter sa requête !

C'eût été la plus fâcheuse des disgrâces si une décision solennelle, émanée de l'empereur, avait proclamé que Favorin n'était pas philosophe !

Il fallait empêcher Hadrien de la prononcer, il fallait à tout prix échapper à une

---

[1] Le titre Ier (*De excusationibus*) du liv. XXVII des **Pandectes** est consacré à l'examen des causes qui dispensent de la tutelle. Il est composé avec des fragments d'un traité du jurisconsulte Modestin sur la même matière. Au § VIII de la loi VI de ce titre, Modestin rapporte qu'il y a dans les constitutions de l'empereur Commode un rescrit d'Antonin le Pieux qui exempte les philosophes de la tutelle et de diverses charges publiques. Le jurisconsulte cite les paroles mêmes d'Antonin : « Dès son avénement à l'empire, mon divin père confirma par une constitution spéciale les honneurs et les immunités existant en faveur des philosophes, des rhéteurs, des grammairiens, des médecins, et les déclara exempts γυμνασιαρχιῶν, αγορανομιῶν, ἱεροσυνῶν... »

pareille humiliation. La nuit portant conseil, l'habile Favorin pensa qu'il n'avait qu'une chose à faire : se désister de sa prétention à l'immunité, et accepter spontanément l'office d'ἀρχιερεὺς, mais en couvrant d'un prétexte adroit cette prudente retraite.

Le lendemain, il se présente à l'audience impériale. « Prince, dit-il, j'ai eu cette nuit un songe qu'il est de mon devoir de vous faire connaître. Dion Chrysostome, qui fut mon maître, m'est apparu et m'a donné ce sage conseil : nous ne sommes pas nés, m'a-t-il dit, pour nous appartenir seulement à nous-mêmes ; nous appartenons aussi à notre patrie. J'accepte donc la charge de grand-pontife et j'obéis ainsi à mon maître. »

Le récit de Dion Cassius, ou du moins de son abréviateur, quoique plus sommaire, concorde exactement avec celui de Philostrate. Mais Dion Cassius ne va pas plus loin : Philostrate seul donne la suite de cette histoire.

En se montrant hostile à Favorin, continue le biographe, en le menaçant de rendre contre lui une sentence aussi défavorable, Hadrien s'amusait. C'était là un de ces passe-temps auxquels il se livrait volontiers, quand il cherchait à délasser son esprit des soucis du pouvoir dans la société des philosophes et des rhéteurs. Nous avons appris par le texte de Spartien qu'il avait à leur égard la plaisanterie amère et malveillante, qu'il n'aimait rien tant que se moquer d'eux. En cette circonstance, il avait tout simplement voulu rire aux dépens de son bon ami Favorin.

Mais, si l'empereur plaisantait, les Athéniens, eux, prirent la chose au sérieux. Ils s'émeuvent, se soulèvent. La foule accourt indignée. Les magistrats, au lieu de calmer l'effervescence populaire, l'excitent plutôt. « Eh quoi ! le philosophe auquel nous avons élevé une statue d'airain est présentement l'ennemi de notre empereur ! Notre César bien aimé déclare qu'il n'est pas philosophe ! Mais il a cessé de l'être, s'il ne plaît plus à César qu'il le soit. Qu'attendons-nous ? Courons, sans plus tarder, renverser la statue de ce prétendu philosophe ! » Et ce peuple changeant et servile se rue aussitôt sur la statue et l'arrache de son piédestal.

Favorin se vengea des Athéniens par un mot bien cruel pour eux. Quand il apprit l'injure qui venait de lui être faite, sans en paraître ému ni offensé le moins du monde [1], il fit cette réflexion : « Quel bonheur pour Socrate, si de son vivant on lui eût dressé une statue de bronze ! Les Athéniens se seraient contentés de renverser la statue et n'auraient pas condamné le philosophe à boire la cigüe. »

L'histoire, qui nous apprend qu'en cette occasion le prince cherchait à s'égayer un peu, ne dit pas s'il poussa la plaisanterie jusqu'au bout. Lorsque, sur le conseil imaginaire de Dion, Favorin offrit d'accepter le pontificat, l'empereur le prit-il au mot et le laissa-t-il aller à Arles exercer sa charge ? C'est probable. Avec le caractère que nous savons, Hadrien, en train de faire une

---

[1] Οὐδὲν σχετλιάσας οὐδ' ἀγριάνας ὑπὲρ ὧν ὕβριστο.

taquinerie, tenait sans doute à la compléter. Il est d'ailleurs raisonnable d'admettre qu'après le sanglant outrage que les Athéniens lui avaient fait, Favorin n'était pas fâché de s'éloigner, au moins pour un certain temps.

L'empereur, ce jour là, avait feint seulement de disgracier le philosophe. Mais dans la suite la disgrâce fut réelle. Pour quel motif? Nous l'ignorons.

Il est à supposer que l'envieux Hadrien, à qui toute supériorité était insupportable, devint jaloux du mérite et de la renommée de Favorin.

Ce qui est certain, c'est qu'il lui voua une haine mortelle. Cette implacable inimitié est prouvée par tous les témoignages. Dion Cassius dit expressément qu'Hadrien voulut faire périr les deux sophistes, « Favorin le Gaulois et Denys de Milet [1]. » Denys avait eu l'audace d'écrire à Héliodore, secrétaire du prince : « César peut bien, s'il lui plaît, te combler d'honneurs et de richesses, mais

[1] *Histoire romaine*, liv. LXIX.

il n'est pas en son pouvoir de faire de toi un orateur. » Dion n'indique pas quel fut le crime de Favorin. Mais l'un et l'autre ne sauvèrent leur tête, assure l'historien, que parce que l'empereur ne trouva pas de prétexte assez plausible pour expliquer leur supplice. Ce désir de mettre à mort Favorin et Denys est aussi attesté par Suidas [1].

Quand la tyrannie entre en lutte contre l'esprit, c'est à l'esprit que la victoire demeure. Favorin se vengea d'Hadrien, comme il avait fait d'Athènes, par une épigramme. « Il y avait, dit-il, dans son existence trois particularités surprenantes : qu'étant Gaulois, il parlât grec ; qu'étant eunuque, on l'eût accusé d'adultère ; qu'ayant disputé avec l'empereur, il fût encore vivant [2]. »

[1] Suidas, Ἀδριανός.

[2] « Γαλάτης ὢν ἑλληνίζειν, εὐνοῦχος ὢν μοιχείας κρίνεσθαι, βασιλεῖ διαφέρεσθαι καὶ ζῆν. » *Vies des sophistes*, liv. I, VIII.

## VIII

Nous avons prononcé plus d'une fois le nom d'Hérode Atticus. Il fut, nous l'avons dit, l'élève, l'ami et le légataire de Favorin. Ces relations, nouées à Athènes, tiennent une grande place dans la vie de notre philosophe.

*Tiberius-Claudius-Atticus-Herodes*, malgré ses divers noms romains, était, pourrions-nous dire, un Athénien de la vieille roche. Au temps où ce fut l'usage de convier les bonnes fées à venir chacune faire un don aux nouveau-nés, on aurait pu croire qu'aucune d'elles n'avait refusé d'accourir près du berceau d'Hérode. Il ne lui manqua rien de ce que les hommes ont coutume de souhaiter. De brillantes facultés intellectuelles firent de lui un des plus illustres rhéteurs de l'époque. Et il eut encore ce double avantage, toujours envié, de naître noble et riche. Il se vantait de descendre d'Ajax et d'appartenir à la famille des Éacides d'où étaient sortis Miltiade et Cimon. Depuis la domination romaine, il y avait eu deux consuls parmi ses ancêtres. Enfin, Atticus, son père, se trouvait possesseur d'une immense fortune.

Quelle était l'origine de cette fortune? Hipparque, aïeul d'Hérode, accusé de lèse-majesté, avait eu ses biens confisqués. Un beau jour, Atticus, fils d'Hipparque, réduit à la pauvreté, découvre un trésor caché dans sa maison. Il n'ose pas y toucher sans la permission de l'empereur. Il y a là de tels monceaux d'or qu'Atticus est presque effrayé. Il écrit au souverain : « Je viens de trouver chez moi un trésor ; que dois-je en faire? — Tu peux user de ta trouvaille, » lui dit Nerva. Atticus ne se sent pas rassuré. Il avoue au prince que le tré-sor dépasse tout ce que l'on peut supposer. « Abuse donc, » répond le sage empereur, qui tient à appliquer les règles du droit ; « ce que tu as trouvé chez toi t'appartient. »

La générosité fut chez Hérode la compagne de la richesse. Sa main, libérale jusqu'à la prodigalité, s'ouvrait pour ses amis, pour les cités, pour les peuples. Il répétait souvent que, pour faire un bon usage de la fortune, on doit donner à ceux qui sont pauvres afin qu'ils cessent de l'être, à ceux qui ne le sont pas, de peur qu'ils ne le deviennent. L'argent est *mort*, disait-il, quand on ne le fait pas circuler, et il appelait *des prisons* les coffres dans lesquels l'avarice empile cet argent improductif.

Ses libéralités se répandirent partout. Du vivant d'Atticus, son père, il avait dépensé quatre millions pour donner de l'eau à la ville d'Alexandria-Troas. A Athènes il fit recouvrir de marbre le stade panathénaïque, et il construisit un magnifique théâtre qui porta le nom de sa femme Régilla; d'après Philostrate, dans tout l'univers romain il n'y avait rien d'aussi beau que ces deux monuments. A Corinthe, il bâtit aussi un théâtre et il orna un temple d'un groupe colossal représentant Neptune et Amphitrite.

Delphes eut un stade, Olympie, un aqueduc. Le Péloponèse, la Béotie, l'île d'Eubée, l'Épire et l'Italie même, participèrent à ses bienfaits : dans toutes ces contrées il agrandit ou embellit des villes. Mais ce qui lui tenait à cœur, c'était d'attacher son nom à une œuvre vraiment gigantesque. Il rêva de percer l'isthme de Corinthe. Il fut retenu par la crainte de porter ombrage à l'empereur, en exécutant une entreprise que Néron avait tentée, puis abandonnée.

Il était naturel qu'une si grande situation personnelle conduisît Hérode aux plus hautes dignités. Il eut l'archontat à Athènes, et il fut consul éponyme à Rome, sous Antonin, en l'an 143.

Mais de tous les dons qu'un heureux hasard lui avait prodigués, il n'appréciait rien tant que l'éloquence. D'ailleurs il y excellait. Philostrate assure qu'il réunissait toutes les conditions voulues pour être placé au premier rang parmi les rhéteurs. Nous avons vu les Grecs, aux jeux Olympiques, le comparer à Démosthène. Aulu-Gelle, qui a fait dans sa jeunesse le voyage d'Athènes et qui a été le disciple et le commensal d'Hérode, ne parle jamais de lui qu'en des termes où perce une vive admiration. « Hérode Atticus, dit-il, ce personnage consulaire si célèbre par les charmes de son esprit et par l'éloquence avec laquelle il s'exprimait dans la langue grecque [1]... » Et dans un autre passage : « J'ai entendu à Athènes le consulaire Hérode Atticus discourir en grec. Il surpassait de beaucoup la plupart des orateurs de notre temps par la force, la richesse et l'élégance de sa parole [2]. » Ses succès oratoires lui étaient plus chers que quoi que ce soit. « Il préférait, dit Philostrate, la gloire d'être improvisateur à celle d'avoir été consul et de compter des consuls au nombre de ses aïeux. » Scopélianus, venu à Athènes pour lui donner des leçons d'éloquence, l'avait, un jour, appelé son maître. Ce compliment, ajoute le biographe, fut

---

[1] *Nuits attiques*, liv. IX, ch. II.
[2] Liv. XIX, ch. XII.

plus doux pour lui que les sources du Pactole.

Il semble qu'ainsi comblé de tous les dons de la fortune, Hérode Atticus aurait dû être le plus heureux des hommes. Hélas ! les plus rudes épreuves ne lui furent pas épargnées : tant il est vrai que le bonheur est chose vaine. La mort vint frapper à coups redoublés autour de lui. Il vit s'éteindre sa première femme Vibullia Alcia, son fils Hérodianus, ses deux filles Panathénaïs et Elpinice. Il perdit ses affranchis Achille, Memnon et Polydeucès, pour lesquels il éprouvait une vive tendresse. Il survécut à sa seconde femme, Annia Régilla. A chacun de ses deuils, sa douleur s'épanchait en des manifestations quelquefois outrées. Il construisait partout des monuments funéraires, il composait et faisait graver des inscriptions, il multipliait les statues. A la mort de Régilla, il ordonne que l'on recouvre de crêpes funèbres les tableaux qui ornent sa maison, et que l'on revête les murs de plaques de marbre noir de Lesbos. Un de

ses amis, Lucius, homme sensé, l'engage à
tempérer ses exagérations. Il n'y parvient
qu'en se moquant de lui. Il voit des esclaves
près d'une fontaine, en train d'éplucher des
raves. On lui apprend, quand il s'en enquiert,
qu'elles sont destinées au repas d'Hérode.
« Ce n'est pas possible, dit-il ; Hérode
ferait injure à Régilla en mangeant des
raves blanches dans une maison aussi
noire. »

Hérode eut à subir de nombreuses tribulations judiciaires. Lorsqu'il perdit sa seconde
femme, Bradua, frère de celle-ci, lui intenta
un procès criminel. Il lui reprochait d'avoir
occasionné la mort de Régilla en la faisant
battre de verges par son affranchi Alcimédon,
alors qu'elle était enceinte de huit mois.
Rien de plus injuste que ce grief. Hérode
n'en fut pas moins obligé de venir se défendre
devant le sénat. Il arriva la tête haute.
Bradua s'étant targué de certaines libéralités
qu'il avait faites à une ville d'Italie, « Je
pourrais, répond fièrement Hérode, invoquer en ma faveur un grand nombre de

témoignages semblables, en quelque lieu du monde que le procès se plaidât. »

Il eut avec les Athéniens de fréquents démêlés. Accusé par eux de les avoir tyrannisés, d'avoir mal géré les affaires publiques, il fut, un jour, cité au tribunal de l'empereur, et obligé d'aller se justifier devant Marc-Aurèle, qui guerroyait alors au fond de la Pannonie. D'ailleurs, l'inconséquence athénienne était toujours la même. Quand Hérode mourut, Athènes le pleura et lui rendit les plus grands honneurs. Quoiqu'il eût demandé d'être inhumé à Marathon, où il était né, on transporta son corps dans la ville, on lui fit des funérailles magnifiques, et on lui éleva, au milieu du stade panathénaïque, un monument sur lequel on grava cette épitaphe : « Ce tombeau renferme tout ce qui reste d'Hérode de Marathon, fils d'Atticus : mais sa gloire a rayonné partout [1]. »

[1] Tous les détails que nous venons de donner sur la vie d'Hérode Atticus sont empruntés au long chapitre

Hérode avait eu des maîtres célèbres : Scopélianus, Polémon, Favorin, Secundus d'Athènes, Théagène de Gnide, Munatius de Tralles, le philosophe platonicien Taurus de Tyr. Il conçut une vive affection pour Favorin ; après avoir été son disciple, il devint son ami, et lui donna des marques constantes du plus tendre attachement.

Ils vécurent ensemble dans la plus grande intimité. Philostrate l'atteste par l'emploi d'un superlatif. « Ἐπιτηδειότατος, dit-il en parlant de Favorin, Ἡρώδῃ τῷ σοφιστῇ ἐγένετο. » Il ajoute que les sentiments d'Hérode étaient non-seulement ceux d'un élève pour son maître, mais bien plutôt ceux d'un fils pour son père. Et il le montre en citant quelques lignes très affectueuses d'une lettre qu'Hérode écrivait à son ancien professeur : « Quand te verrai-je ? Quand aurai-je le bonheur de presser mes lèvres sur les tiennes ? »

que Philostrate lui a consacré en tête du second livre de ses *Vies des sophistes.*

Cette liaison contribua certainement à rendre très attrayant pour Favorin son séjour dans l'Attique. La culture des lettres entretenait alors chez tous ceux qui s'y adonnaient une grande sociabilité. Athènes voyait sans cesse affluer les étrangers désireux de s'instruire et de fréquenter les rhéteurs et les philosophes les plus renommés. Il s'établissait vite entre les auditeurs et les maîtres des relations de cordiale familiarité.

Aulu-Gelle a décrit cette vie littéraire d'Athènes. Le maître et les disciples se réunissaient fréquemment à table, mais pour le plus grand profit de la littérature. Un esclave venait lire, au commencement du repas, quelques passages d'un poète ou d'un philosophe, puis, la lecture finie, les commentaires allaient leur train. D'autres fois les convives apportaient, en guise d'écot, des questions qu'ils avaient préparées d'avance : sujets un peu futiles, curieux à traiter, subtilités sophistiques à résoudre. On réservait pour la fin du souper ces discussions amusantes. C'étaient là, suivant

l'expression du philosophe Taurus, τραγή-
ματα, les friandises du dessert [1].

Cette jeunesse studieuse, toujours avide
d'exercer et d'orner son esprit, célébrait
selon ses goûts les fameuses Saturnales. Un
modeste mais joyeux festin assemblait tous
les condisciples. L'amphitryon proposait
autant de questions qu'il avait d'invités. Le
sort les distribuait à chacun d'eux. Celui
qui trouvait la solution recevait en prix un
livre grec ou latin et une couronne de
laurier, déposés sur la table. Il fallait expliquer une pensée obscure ou ambigüe extraite
de quelque vieux poète, éclaircir un point
d'histoire, donner le sens d'un mot rarement
usité, dégager une vérité philosophique
présentée d'une façon paradoxale, réfuter
des arguments captieux [2]. « Quand, par
exemple, peut-on dire qu'un homme meurt?
Est-ce lorsqu'il a rendu le dernier soupir,
ou lorsqu'il vit encore? — Mentir et dire
qu'on ment, est-ce mentir ou dire vrai? »

[1] *Nuits attiques*, liv. VI, ch. XIII.
[2] Liv, XVIII, ch. II.

Quelquefois les convives eux-mêmes lançaient tour à tour les sophismes « comme on jette des dés ou des osselets. » Si l'on était embarrassé par la difficulté, on payait un sesterce, et l'argent ainsi recueilli avait pour destination de subvenir aux frais d'un autre repas [1].

Quand c'était un philosophe pauvre comme Taurus qui donnait à souper à ses disciples, il leur servait simplement un plat de lentilles d'Égypte et de courge hâchée, assaisonné d'huile [2].

Mais un homme aussi riche qu'Hérode offrait à ses amis une hospitalité de grand seigneur. Il avait, aux environs d'Athènes, plusieurs villas magnifiques. Il se plaisait à y réunir ces jeunes gens épris d'éloquence, qui, de toutes parts, accouraient à Athènes pour se suspendre à ses lèvres [3]. Aulu-Gelle raconte qu'il y était souvent reçu, avec

---

[1] Liv. XVIII, ch. XIII.
[2] Liv. XVII, ch. VIII.
[3] *Vies des sophistes*, liv. II, I.

d'autres Romains de distinction, ses compagnons [1].

De ces villas, celle qu'Hérode semblait préférer s'appelait Céphissia. Aulu-Gelle y a résidé; un jour même il y est tombé malade, et le philosophe Taurus est venu l'y visiter. Il vante les agréments qu'on y trouvait: les grands bois, les allées ombreuses et profondes, les pièces d'eau scintillant au soleil, l'harmonieux murmure des cascades se mariant avec le ramage des oiseaux [2].

[1] Accersebat sæpe nos, quum apud magistros Athenis essemus, in villas ei urbi proximas, me et clarissimum virum Servilianum, compluresque alios nostrates, qui Româ in Græciam ad capiendum ingenii cultum concesserant. — *Nuits attiques*, liv. I, ch. II.

[2] *Nuits attiques*, ibid. — Dans un intéressant ouvrage intitulé: *Hérode Atticus, Étude critique sur sa vie*, M. Paul Vidal-Lablache, ancien élève de l'École française d'Athènes, a décrit le site où se trouvait la villa d'Hérode. « Il y avait là sur les premiers coteaux du Pentélique, près des sources du Céphise, une région fraîche et boisée, qui offre encore aujourd'hui un refuge contre les ardeurs de l'été. On n'y était point éloigné d'Athènes; la vue embrasse facilement la ville avec la plaine toute entière. Autour de l'habitation d'Hérode s'étendaient des bois propres à la promenade et à la

Hérode avait peuplé son domaine de statues. Partout, au dire de Philostrate, dans les bois, au milieu des champs, près des fontaines, à l'ombre des verts platanes, il avait fait représenter, avec des attributs et des postures de chasseurs, les affranchis dont il pleurait la perte. Les deux frères Quintilii, qui gouvernaient alors la province d'Achaïe, l'un comme proconsul, l'autre comme légat de celui-ci, avaient critiqué cette profusion de statues : « Que vous importe, leur dit Hérode, que je m'amuse avec du marbre [1]? »

Favorin dut être l'hôte assidu de Céphissia. Il est vraisemblable d'admettre que c'est là qu'il rencontra pour la première fois Aulu-Gelle, et que se formèrent entre eux ces relations qui plus tard se resserreront à Rome.

D'après le témoignage de Philostrate, Hérode et Favorin aimaient beaucoup à

chasse, comme semble l'indiquer ce nom de *Marousie*, épithète de Diane, que porte encore le village le plus voisin de Képhissia. »

[1] *Vies des sophistes*, liv. II, ch. I.

banqueter ensemble. Un souper chez ce dernier avait pour eux un attrait particulier. Il possédait un esclave nommé Autolécythe [1]. C'était un Indien, dit le biographe, un nègre, sans doute, car il avait, assure-t-il, la peau passablement noire. Il parlait un jargon dans lequel il mélangeait le dialecte attique avec sa langue maternelle, et ses barbarismes égayaient fort les deux convives [2].

A sa mort — et c'est là le dernier indice de l'étroite amitié qui le liait avec Hérode — Favorin légua à celui-ci son esclave Autolécythe, ainsi que sa maison de Rome et tous les livres qu'il avait acquis. Les expressions de Philostrate donnent le droit de penser que sa bibliothèque était fort belle.

---

[1] Αὐτολήκυθος n'est pas un nom propre. Ce mot signifie proprement : celui qui apporte lui-même au gymnase sa petite bouteille d'huile ; (étym. αὐτος et λήκυθος, fiole à huile) ; par extension, pauvre ou avare. Il est difficile de comprendre pourquoi cet esclave avait été ainsi nommé.

[2] Philostrate, I, VIII.

## I X

Au temps où Favorin résidait à Athènes, il s'y trouvait un bien singulier personnage.

C'était une sorte de philosophe, ayant un peu les allures des cyniques, quoiqu'il affectât d'être indépendant et de n'appartenir à aucune secte déterminée.

Lucien le connut, le fréquenta beaucoup et conçut pour lui une admiration profonde. Il écrivit même son histoire, ou pour parler plus exactement, son éloge [1].

S'il n'y a pas d'exagérations dans le récit de Lucien, il faut, comme lui, admirer Démonax. Il eût été difficile, en effet, de trouver quelqu'un qui professât une meilleure philosophie. Ses mœurs étaient pures, sa conduite irréprochable. Il menait une vie austère et sobre, recherchant la pauvreté, mais sans l'ostentation dont se paraient les

[1] Lucien, *Démonax*.

cyniques. Bref, si d'un passage de Lucien il ne résultait pas que Démonax admettait le suicide, — et si quelquefois dans ses épigrammes il n'avait pas un peu trop manqué de charité, — on pourrait se demander si ce philosophe ne fut pas chrétien. Il semble d'ailleurs que certaines natures d'élite pressentaient le christianisme et s'épuraient à son approche.

Rendre les hommes meilleurs, telle était la mission qu'il avait à cœur d'accomplir. Inexorable pour le mal, il se montrait plein de mansuétude envers le coupable. Dans ses leçons et ses réprimandes, il alliait la fermeté à l'indulgence. D'un caractère naturellement gai et toujours égal, il n'élevait jamais la voix, ne s'emportait pas, ne manifestait aucune indignation, quelque répréhensible que fût l'homme auquel il s'adressait. Il prenait exemple, disait-il, des médecins qui soignent le malade, sans se mettre en colère contre la maladie. Il avertissait les heureux de ne point compter sur la durée de leur bonheur, il consolait les affligés en leur rappelant la brièveté du temps, en faisant luire à leurs yeux les espérances de la vie future. Après l'avoir écouté, on se sentait raffermi, joyeux, confiant en l'avenir.

Il rétablissait la concorde entre les frères désunis, il réconciliait les femmes avec leurs maris, il apaisait les agitations populaires.

Aucun chagrin ne trouvait accès dans son âme, si ce n'est la maladie ou la mort d'un ami. Il proclamait l'amitié le souverain bien en ce monde. Il voulait être l'ami de tous les hommes. Il ne s'éloignait que de ceux dont la perversité lui paraissait incorrigible.

Le peuple entier d'Athènes, les plus grands comme les plus humbles, admiraient et vénéraient Démonax. Mais combien légers et mobiles étaient toujours les Athéniens ! Les Anytus et les Mélitus ne manquèrent pas à ce nouveau Socrate. On s'avise un jour qu'on ne lui a jamais vu offrir aucun sacrifice à Minerve, et qu'il n'est pas même initié aux mystères d'Éleusis. La multitude s'ameute contre lui. Démonax se présente devant l'assemblée populaire : il est vêtu de blanc et couronné de fleurs. « Athéniens, dit-il, voici la victime toute couronnée; immolez-la. » Puis il entreprend de se défendre. Au reproche de n'avoir jamais sacrifié à Minerve, il répond: « Je ne croyais pas que cette déesse eût besoin de mes offrandes. » Au sujet des mystères d'Éleusis, il déclare qu'il lui serait impossible de garder le secret imposé aux initiés : ou ces mystères ne sont que de criminelles orgies, et alors il les divulguerait afin d'empêcher de nouvelles affiliations; ou ils sont propres à améliorer la nature humaine, et dans ce cas encore il les révélerait, pour en faire profiter tous les hommes.

Les Athéniens avaient déjà ramassé les pierres pour le lapider. Cette apologie les désarme et ils font une ovation au philosophe.

Démonax parvint à un âge très avancé. Il vécut près de cent ans. Sa popularité était allée toujours grandissant. Dès qu'on l'apercevait, tout le monde se tenait debout et faisait silence. Une sédition s'étant élevée,

Démonax parut. Le peuple se calma comme par enchantement, et le philosophe se retira sans avoir prononcé un seul mot. Toutes les portes lui étaient ouvertes. Là où il consentait à prendre un repas ou à passer la nuit, on le considérait comme le bon génie de la maison. Les femmes qui vendaient du pain se disputaient le plaisir de lui en faire accepter. Les petits enfants lui présentaient des fruits et lui donnaient le nom de père.

Quand il se vit au bout de sa carrière, sa philosophie ne se démentit pas. Il récita aux assistants la formule usitée pour annoncer la fin des jeux athlétiques, et il rendit le dernier soupir sans qu'il se fût un seul instant départi de sa gaîté habituelle. Comme peu de temps avant sa mort on lui demandait ce qu'il prescrivait pour ses funérailles : « Ne vous inquiétez pas, répondit-il, l'odeur de mon cadavre suffira bien pour me procurer une sépulture. — Mais, lui dit-on, ne seriez-vous pas fâché de penser que la dépouille d'un homme tel que vous va servir de pâture à des chiens et à des corbeaux? — Que peut-il y avoir de pénible pour un philosophe, répliqua-t-il, de savoir qu'après sa mort il sera encore utile à des êtres vivants? »

Athènes lui fit de solennelles obsèques. Ce furent des philosophes qui portèrent le brancard funéraire. Le peuple vénéra long-temps la pierre sur laquelle Démonax avait coutume de s'asseoir.

Nous venons d'esquisser, d'après le tableau peint par Lucien, cette curieuse physionomie. Après avoir achevé le portrait de Démonax, Lucien rapporte un grand nombre de ses bons mots. On voit par là que le philosophe était homme d'esprit. Il maniait volontiers l'épigramme, et ne résistait pas au plaisir de décocher, sous une forme piquante, une vérité désagréable. Cette propension à la satire s'accorde mal, nous l'avouons, avec la douceur de caractère, la bonté d'âme louées si fort par Lucien. Il est vrai que la plupart de ceux dont se moquait Démonax prêtaient le flanc à ses traits malins.

Un sophiste nommé Sidonius, déclamant à Athènes, faisait un jour son propre éloge et se vantait d'avoir exploré toute la philosophie. « Si Aristote m'appelle au Lycée, disait-il avec emphase, je le suivrai; si Platon à l'Académie, j'irai; avec Zénon, je m'arrêterai sous le Portique; mais si c'est Pythagore qui m'appelle, alors je me tairai. — Eh bien! lui crie Démonax se levant au milieu des auditeurs, Pythagore t'appelle! »

A un devin qui recevait de l'argent pour prix de ses prophéties : « S'il dépend de toi de changer les destins, dit-il, tu n'exiges pas assez d'argent. Mais si tout doit arriver comme Dieu l'a décrété, à quoi sert ta divination? »

Épictète lui avait conseillé de se marier. C'était un devoir, lui disait-il, de donner le jour à des enfants. Et comme il insistait : « J'y consens, répond Démonax; mais je t'en prie, mon cher Épictète, accorde-moi la main d'une de tes filles. »

Un nommé Polybe, homme ignorant et qui parlait fort mal, se glorifiait que l'empereur l'eût fait citoyen romain. « Il aurait mieux valu pour toi, observe le philosophe, qu'il t'eût fait citoyen d'Athènes. »

Il n'était pas facile d'embarrasser le subtil Démonax : « Si l'on brûlait mille mines de bois, lui demande-t-on, combien y aurait-il de mines de fumée ? — Pèse les cendres, répond-il, la différence te donnera le poids de la fumée. »

Des relations existèrent entre Favorin et Démonax et c'est pour cette raison que nous avons tenu à faire connaître celui-ci.

En deux circonstances, rapportées par Lucien, le philosophe arlésien fut en butte aux railleries de Démonax.

Une fois, conversant avec lui, Favorin lui marque le désir de savoir à quelle école philosophique il appartient. « Qui t'a dit, répond Démonax, que je suis philosophe ? » Et il s'éloigne en riant. Favorin le rappelle et le questionne sur le motif qui le fait rire ainsi. « C'est, dit-il, qu'il est plaisant de te voir juger d'après la barbe si l'on est philosophe, toi qui n'as point de barbe. »

La plaisanterie n'était pas bien méchante. Mais dans une autre occasion Démonax laissa voir que malgré l'indépendance dont il se piquait en fait d'école philosophique, l'on n'avait pas tort de le considérer plutôt comme un cynique. Le sel qui assaisonnait ses bons mots n'était pas toujours du sel attique.

On vient un jour rapporter à Favorin que Démonax le tourne en ridicule. Il critique ses discours. Il leur reproche de manquer de gravité, d'être trop familiers, trop efféminés. Des vers y sont quelquefois entremêlés : c'est une atteinte à la dignité du langage philosophique. Favorin, blessé de ces propos, va trouver Démonax, et lui demande de quel droit il se permet de railler son éloquence. « Du droit, repart Démonax, appartenant à un homme dont l'oreille exercée n'est pas facile à surprendre. » Notre philosophe insiste : « Pour parler avec tant d'autorité, il faut assurément

que tu aies été pourvu de ressources particulières, quand, au sortir de l'enfance,
tu t'es voué à la philosophie. » Et Démonax
de répondre alors, avec une brutale crudité,
par un seul mot que notre langue ne peut
traduire qu'au moyen d'une périphrase, et
qui faisait encore allusion à la constitution
physique de Favorin : « Oui, lui dit-il, j'étais
pourvu de ce qui te manque [1]. »

Personne d'ailleurs ne pouvait se croire
à l'abri des traits satiriques lancés par
Démonax. Hérode Atticus ne fut pas épargné.
Nous avons dit que lorsqu'il était affligé de
la mort de quelqu'un de ses proches, il
exagérait les manifestations de ses regrets.
Il avait perdu son affranchi Polydeucès,
qu'il aimait beaucoup. Il ordonne que l'on
continue à tenir attelé le char de l'affranchi,
son cheval sellé, son dîner préparé. Démonax vient visiter Hérode. « Je t'apporte, lui
dit-il, une lettre de Polydeucès. » Hérode

---

[1] « Τίνα δὲ καὶ ἐφόδια ἔχων, ὦ Δημῶναξ, ἐκ παιδιᾶς
εἰς φιλοσοφίαν ἥκεις ; — Ὄρχεις, ἔφη. »

pense que Démonax, compatissant, veut flatter sa douleur. Mais celui-ci ajoute aussitôt : « Polydeucès se plaint que tu ne sois pas encore allé le rejoindre. »

Une autre fois, Hérode pleurait la mort de son fils. Il s'était enfermé, et dans une obscurité profonde, s'abandonnait à la désolation. Démonax vient encore le trouver et se vante d'être doué d'un pouvoir magique ; il évoquera l'ombre du défunt, mais à une condition : il faut qu'Hérode lui donne immédiatement le nom de trois hommes qui n'aient jamais eu à déplorer la mort de personne. Hérode cherche, mais en vain. « C'est bien à tort, tu le vois, lui dit Démonax, que tu t'imagines être le seul à souffrir ainsi, puisque tu ne trouves personne autour de toi qui n'ait eu le chagrin de perdre quelqu'un des siens. »

## X

Favorin fut lié avec Plutarque d'une étroite amitié. Il faut évidemment rapporter au séjour de Favorin en Grèce les relations qui s'établirent entre les deux philosophes.

Plutarque, en effet, passa dans la Grèce la plus grande partie de sa longue carrière. Il était né à Chéronée, petite ville de Béotie, célèbre par la victoire que Philippe de Macédoine remporta sur les Athéniens et les Thébains. Il voyagea beaucoup dans sa jeunesse. Il visita l'Égypte, l'Asie, l'Italie. Il vint à Rome deux fois; il y enseigna même avec succès, comme le témoigne une circonstance flatteuse qu'il a complaisamment rappelée: un jour qu'il faisait en grec une leçon de philosophie, on remit à l'un de ses auditeurs, Arulenus Rusticus, une lettre de l'empereur. Rusticus ne voulut pas l'ouvrir avant que Plutarque eût cessé de parler [1].

Mais après ses voyages, il résolut de se fixer à Chéronée, sa patrie. « J'habite une petite ville, écrivait-il, et j'y demeure volontiers, pour qu'elle ne devienne pas plus petite encore [2]. » Il y menait, du reste, une existence très enviable. Appartenant à une famille riche et honorée, il vivait largement, entouré de ses enfants, de ses parents, de ses nombreux amis. Ses concitoyens avaient pour lui la plus grande considération. On lui conféra les premières dignités municipales, et il eut même à remplir la charge de prêtre d'Apollon à Delphes.

Nous voyons d'ailleurs, par les détails auto-biographiques consignés dans ses œuvres, qu'il quittait assez souvent sa chère Chéronée. Il prend part aux grandes solennités que célèbre la Grèce. Il vient à Athènes pour la fête des Muses, à Éleusis

[1] *Œuvres morales*, De la Curiosité.
[2] *Vies parallèles*, Démosthène, ch. II.

pour les mystères. Il assiste à Corinthe aux jeux isthmiques, à Delphes, aux jeux pythiques. Il se rend à Hyampolis dans la Phocide pour les Élaphébolies. Il va, l'été, prendre les eaux aux Thermopyles ou à Ædepsus, dans l'île d'Eubée. Partout on le recherche, on l'invite, on le fête. Il reçoit l'hospitalité chez les plus grands personnages : à Athènes, chez le stratége Ammonius ; à Corinthe, chez Sospis, agonothète, ou Lucanius, grand-pontife ; à Delphes chez l'agonothète Petræus ou chez Callistrate, épimélète des Amphictyons.

Tous ces déplacements, toutes ces excursions tournent au profit de la philosophie et de la rhétorique. En tout lieu comme en toute occasion, on disserte sur les thèses les plus diverses. Il n'y a rien qui ne soit matière à philosopher.

Une curieuse anecdote, racontée par Aulu-Gelle, montre jusqu'où allait cette continuelle immixtion de la philosophie. Plutarque fait un jour donner le fouet à un de ses esclaves, très mauvais sujet, mais qui, à force

d'entendre des dissertations philosophiques,
en avait retenu quelques bribes. Celui-ci geint
d'abord sous les coups ; il se défend d'avoir
mérité le châtiment, il proteste de son inno-
cence. Puis, la douleur devenant plus vive,
il se met à crier et il interpelle son maître.
« Plutarque n'agit pas en philosophe; n'a-t-il
pas honte de se montrer à ce point irasci-
ble, après avoir si souvent raisonné sur les
tristes effets de la colère, après avoir écrit
un si beau traité sur la patience [1]? Mais il
ne conforme pas sa conduite aux préceptes
de son livre, lui qui cède ainsi à l'emportement de sa colère et fait accabler de coups
un malheureux serviteur. »

Plutarque lui répond avec beaucoup de
calme et de douceur: « A quoi juges-tu,
vaurien, que je suis en colère? Est-ce à
l'air de mon visage, à l'intonation de ma
voix, à ma façon de m'exprimer? » Et le

---

[1] Περὶ ἀοργησίας. Plutarque dit dans ce traité « qu'il
vaut mieux laisser, par un excès d'indulgence, les
esclaves devenir pires, que de se dégrader soi-même
par la colère et la cruauté, en voulant les corriger. »

philosophe entreprend de décrire tous les symptômes par lesquels la colère se manifeste; mais il a soin de dire auparavant à l'esclave qui frappait: « Pour toi, continue ton office, pendant que ton camarade et moi nous philosopherons ensemble [1]. »

Nous avons tout lieu de croire qu'il y eut, entre la personnalité de Plutarque et celle de Favorin, de nombreuses ressemblances.

Ayant des goûts et des aptitudes semblables, ils embrassèrent l'un et l'autre la même carrière. Car il nous paraît évident que Plutarque fut, comme Favorin, un rhéteur doublé d'un philosophe. Parmi les morceaux dont se composent ses *Œuvres morales,* il y en a beaucoup qui sont certainement des dissertations déclamées en public, peut-être retouchées ensuite.

Une passion leur est commune et les rapproche: c'est leur désir incessant de s'initier à toutes les connaissances, d'approfondir tous les sujets. Ils se ressemblent

[1] *Nuits attiques,* liv. I, ch. XXVI.

encore par l'importance et la variété de leurs écrits. Plutarque, dans ses œuvres, est tour à tour historien, philosophe, moraliste, physicien, naturaliste. Nous ne possédons, relativement aux ouvrages de Favorin, que des indications bien incomplètes. Nous verrons pourtant qu'il écrivit des livres de nature très diverse. Nous avons d'ailleurs, à cet égard, le témoignage formel de Suidas, qui dit de notre philosophe : « Il prit Plutarque pour modèle et rivalisa avec lui par le nombre infini des ouvrages qu'il composa [1]. »

Ces similitudes ne pouvaient que leur inspirer une mutuelle sympathie. Plutarque était sans contredit plus âgé que Favorin. Celui-ci devait témoigner une grande déférence à l'homme illustre qu'il s'étudiait à imiter. De son côté Plutarque, naturellement bienveillant, marquait beaucoup d'estime

---

[1] Ἀντεφιλοτιμεῖτο καὶ ζῆλον εἶχε πρὸς Πλούταρχον τὸν Χαιρωνέα ἐς τὸ τῶν συνταττομένων βιβλίων ἄπειρον.

pour ce jeune émule doué de si brillantes facultés.

En effet, toutes les fois que dans ses ouvrages Plutarque parle de Favorin, il montre qu'il faisait de lui le plus grand cas.

Les *Œuvres morales* mentionnent à trois reprises le nom de Favorin.

Plutarque le met en scène dans les *Symposiaques*.

Nous avons dit que l'on faisait, en ce temps-là, de la philosophie à tout propos. Quoi de plus naturel que d'en faire à table ? La littérature, reine partout adulée, aimait à trôner dans la salle à manger.

Plutarque recueille tout ce qui s'est dit de remarquable ou de curieux dans les festins auxquels il a pris part. Le plus souvent c'est lui qui donne à souper dans sa maison de Chéronée. Il réunit autour de sa table son père, son aïeul, ses frères Lamprias et Timon, ses fils Autobule et Lamprias, ses parents ou ses alliés Craton, Firmus, Alexion, ses amis Métrius Florus, Philinus, Sossius Sénécion. D'autres fois, il est lui-même invité chez ses amis d'Athènes, de Delphes ou de Corinthe. Les convives qu'il reçoit ou ceux avec lesquels il se rencontre sont des gens qui appartiennent à toutes les professions. Il y a les grammairiens Théon, Apolophane, Protogène; les rhéteurs Glaucias, Dorothée, Sospis; des philosophes de toutes les écoles: des stoïciens, des épicuriens, des péripatéticiens. Les médecins abondent: Philon, Zopyrus, Tryphon, Moschion, Athruilatus de Thasos, Nicias de Nicopolis. Et il vient encore, tantôt un poète couronné aux jeux pythiques, tantôt un musicien, tantôt un géomètre.

Cette diversité parmi les convives explique la variété des sujets qu'ils abordent dans leurs entretiens. On traite véritablement *de omni re scibili*. On cherche à résoudre de sérieux problèmes de philosophie, de morale ou d'histoire. Puis on agite les questions les plus étonnantes. On se demande si c'est l'œuf qui a précédé la poule, ou si c'est la poule qui a devancé l'œuf. Pourquoi la lettre A est-elle la première lettre de l'alphabet?

Les étoiles sont-elles en nombre pair ou en nombre impair? La présence de tous ces médecins met fréquemment sur le tapis, ou plutôt sur la nappe, des questions de physiologie, d'histoire naturelle ou de physique. Est-il vrai, comme Platon l'a prétendu, que, quand on boit, les liquides passent par la trachée-artère et s'introduisent dans les poumons? Le poisson appelé rémora a-t-il le pouvoir d'arrêter les navires? Pourquoi les arbres résineux ne se reproduisent-ils pas par la greffe? Pourquoi la glace se conserve-t-elle quand elle est enveloppée dans de la paille ou des étoffes? On descend quelquefois à de simples particularités de savoir-vivre : Celui qui donne à dîner doit-il assigner des places à ses invités ou les laisser se mettre chacun à sa guise? Est-il séant d'aller souper chez quelqu'un sans être prié soi-même, lorsqu'on est conduit par un invité?

Après le repas, Plutarque dresse une sorte de procès-verbal dans lequel il consigne les opinions émises *inter pocula*. Ces dissertations ainsi rédigées, il les réunit, les divise en neuf livres, en l'honneur des neuf Muses, et en compose un ouvrage qu'il adresse, sous le titre de Συμποσιακα προβλημάτα, à son ami Sossius Sénécion.

C'est à la fin de son huitième livre qu'il rend compte d'un entretien auquel Favorin a participé.

On se trouvait alors aux Thermopyles. On était là probablement en villégiature. Peut-être y prenait-on les eaux [1]. Plutarque avait près de lui ses fils et Florus, un de ses plus intimes amis. On avait apporté les *Questions physiques* d'Aristote. Pendant la journée, on était allé faire une longue promenade, et l'on avait pris grand plaisir à résoudre diverses difficultés suggérées par la lecture de ce livre.

Le soir, au souper, Aristote occupait encore tous les esprits. Quelqu'un met en

---

[1] Il y avait près du célèbre défilé des Thermopyles des sources d'eau thermale. Au nombre des grands travaux d'utilité publique entrepris par Hérode Atticus, Philostrate mentionne des piscines (κολυμβήθρας) qu'il fit construire dans l'intérêt des malades.

avant cette singulière question traitée par le philosophe: « Pourquoi ne faut-il pas ajouter foi aux songes que l'on fait en automne? »

Remarquons que le fait même de soumettre à un examen sérieux une telle question, caractérise bien l'époque. Les intelligences les plus éclairées restaient accessibles à des croyances superstitieuses. Il ne vient à aucun des interlocuteurs l'idée de dire: « Mais avant d'examiner s'il faut se méfier des songes d'automne, voyons d'abord si ceux des autres saisons méritent plus de confiance. »

Non, tout le monde s'accorde à regarder les rêves comme fatidiques. Il n'y a de mensongers que ceux de l'automne. La chose est certaine: ce qui fait naître des doutes, c'est seulement la cause du phénomène. Il faut la trouver. Et voilà nos philosophes qui se donnent carrière.

Les fils de Plutarque, tout d'abord, émettent l'avis que cette cause a été suffisamment expliquée par Aristote et qu'il est inutile d'en chercher une autre. D'après Aristote, l'inanité des songes d'automne doit être imputée aux fruits que cette saison fait mûrir. Le vin nouveau entre en ébullition, l'huile nouvelle crépite dans les lampes; de même les fruits récemment venus à maturité, encore frais, pleins de sucs, sont sujets à fermenter et ils engendrent dans le corps des vapeurs qui en troublent l'économie. Certains aliments rendent le sommeil agité, provoquent des rêves pénibles : tels sont les fèves et la tête du poulpe que l'on interdit à ceux qui veulent faire de la divination par les songes. Les fruits d'automne produisent un effet du même genre.

Favorin, qui était en train de traiter une autre question, s'interrompt pour écouter et il intervient à son tour dans la conversation. Il était, nous dit Plutarque, fervent admirateur d'Aristote [1]. Il commence par déclarer que l'opinion du philosophe péripatéticien ne lui paraît pas dénuée de

---

[1] Δαιμονιώτατος Ἀριστοτέλους ἐραστής.

vraisemblance. Mais, en même temps, comme quelqu'un qui se mettrait à nettoyer un vieux tableau tout obscurci par la fumée, il exhume, pour le remettre en lumière, un ancien système imaginé par le philosophe Démocrite.

Voici quelle était la curieuse théorie de Démocrite :

L'image des objets extérieurs pénètre par les pores dans l'intérieur de nos corps et s'y imprime profondément. Ces images, par leurs évolutions intérieures, suscitent les visions du sommeil. Elles sont le reflet des objets de toute nature : meubles, costumes, végétaux ; mais l'impression produite par les êtres animés est beaucoup plus vive, à cause de leur mobilité et de leur chaleur. Et non-seulement de telles images retracent la forme extérieure de ces êtres, mais elles reproduisent aussi les affections et les mouvements de leur âme ; en sorte qu'elles communiquent à la personne chez laquelle elles viennent s'empreindre, les pensées, les désirs, les sentiments de l'individu de qui elles émanent. Il est vrai qu'il faut, pour cela, qu'elles nous parviennent bien distinctes, sans que leur forme ait été altérée et soit devenue confuse. Il en est ainsi, pendant l'été, quand, émises par un corps échauffé, elles ont pour véhicule un air léger et calme, qui les transporte rapidement et sûrement. Mais lorsque, en automne, les arbres perdent leurs feuilles, l'air est inégal, variable, souvent très âpre : il dénature les images, les fait dévier, ralentit leur marche et par là détruit leur netteté.

Après avoir ainsi exposé le système de Démocrite, Favorin se tourne en souriant vers les fils de Plutarque : « Je vous vois, dit-il, disposés à vous escrimer contre cette vieille théorie des images... — Cesse, lui répond Autobule, de finasser avec nous. Nous ne sommes pas dupes de ton jeu. Nous comprenons bien que, désireux de voir triompher l'opinion d'Aristote, tu juxtaposes celle de Démocrite comme une ombre qui doit te servir à faire briller l'autre d'un éclat plus vif. Mais nous allons, nous, combattre

Aristote, qui fait, avec tant d'injustice, le procès aux fruits nouveaux, ces produits exquis de l'automne. »

C'est vers la fin de l'été, poursuit Autobule, que les fruits mûrissent. Ils sont alors frais et succulents, et les songes, en ce temps-là, n'ont rien de fallacieux. Au contraire, quand vient la chute des feuilles, s'il reste encore des fruits, ils se dessèchent et perdent leurs qualités excitantes. Cette saison, qui est comme la vieillesse de l'année à son déclin, est une saison critique pour les végétaux et pour les animaux, car les uns et les autres ont besoin de chaleur et d'humidité. Or, en automne, la température s'est refroidie, et la sécheresse de l'été n'a pas encore pris fin. Sous l'action de la sécheresse et du refroidissement, les arbres se dépouillent de leurs feuilles : c'est par là que se trahit leur état de souffrance. Ce temps froid et sec n'est pas moins défavorable aux êtres animés : ils sont alors plus facilement sujets aux maladies. L'âme sympathise forcément avec le corps ; elle subit les mêmes influences. Si le fluide vital se refroidit, la faculté divinatrice s'obscurcit, ainsi qu'un miroir terni par des vapeurs. L'âme, comme si elle était recouverte d'un voile, perd, aussi bien que ce miroir terni, la propriété de réfléchir, et c'est pour cela qu'elle ne peut plus avoir des visions nettes, claires et sûres. Les fruits n'y sont donc pour rien, et nous aurions tort de calomnier davantage ces doux présents que les Dieux nous ont faits.

Plutarque termine là son récit et ne dit pas si Favorin essaya de réfuter les arguments d'Autobule. Peut-être a-t-il voulu, dans son amour-propre de père, laisser croire que Favorin tint Aristote pour battu, et les fruits d'automne pour bien et dûment réhabilités.

Le nom de Favorin se trouve encore cité par Plutarque dans l'ouvrage qu'il a intitulé Ρωμαϊκα, *Choses romaines*. C'est un recueil où il rapporte, en les expliquant, une foule de cérémonies et d'usages pratiqués par les Romains.

On faisait quelquefois jurer les enfants au nom d'Hercule, et dans ce cas on leur enjoignait de sortir de la maison pour aller prêter serment en plein air. Plutarque se demande quelle est la raison qui a pu faire établir cet usage. Est-ce parce qu'Hercule, dont la vie fut si active, fait peu de cas de ce qui se passe entre quatre murs, et prise, au contraire, les actes accomplis au grand air? Ou bien parce que, comme Bacchus, il était pour les Romains un dieu étranger, dont le culte avait été importé chez eux du dehors? Est-ce tout simplement une plaisanterie que l'on fait aux enfants? Après ces diverses explications, Plutarque donne celle que Favorin avait trouvée, et c'est de beaucoup la plus plausible et la plus sensée. Celui-ci pensait que l'usage de faire, avant le serment, sortir les enfants, était une précaution imaginée contre la légèreté naturelle de leur âge. Le temps qu'il leur fallait pour se rendre de l'intérieur au dehors, leur permettait de réfléchir sur la solennité de l'acte qu'on leur demandait, et les empêchait ainsi de jurer témérairement.

Enfin, pour la troisième fois, Favorin intervient dans les *Œuvres morales*. Le philosophe de Chéronée lui dédie un traité qu'il compose περὶ τοῦ πρώτως ψυχροῦ, pour chercher quelle est la cause qui produit le froid.

Ce traité débute ainsi :

« Le feu, mon cher Favorin, est l'élément qui produit et communique la chaleur. Pour le froid, existe-t-il aussi dans la nature un principe générateur, dont la présence et l'action soient la cause déterminante du refroidissement des corps? Ou bien le froid est-il tout simplement le résultat d'une absence de chaleur comme l'obscurité, qui provient d'une disparition de la lumière, et le repos, qui n'est que la cessation du mouvement? »

Plutarque examine d'abord cette seconde hypothèse, mais c'est pour l'écarter. Il ne lui paraît pas possible que le froid ne consiste qu'en un état négatif et passif. Pour admettre un pareil système, il faudrait nier l'existence réelle et propre d'un grand nombre de modalités qui ne subsisteraient plus que comme des négations : la pesanteur, par exemple, ne serait plus que l'absence de la légèreté, l'amertume, l'absence de la douceur. Si le froid n'était qu'une semblable privation de chaleur, il n'existerait qu'à l'état passif et serait dépourvu de propriétés actives. Or, le froid est indubitablement un principe actif. Il agit sur les corps. Il les affecte et les modifie tout autant que la chaleur, mais d'une autre manière : il les resserre, les condense, les durcit. D'ailleurs un état purement négatif ne comporte pas des différences de plus ou de moins : de deux hommes qui ont perdu la vue, on ne dit pas que l'un est plus aveugle que l'autre ; de deux personnes ayant cessé de vivre, que la première est plus morte que la seconde. Le froid, au contraire, a, comme la chaleur, ses degrés d'intensité : il y a des objets plus ou moins froids, de même qu'il y en a de plus ou moins chauds. C'est-à-dire que le froid se mêle, se combine avec la chaleur, comme le noir avec le blanc, le grave avec l'aigu, le doux avec l'amer ; ce qui ne saurait avoir lieu si le froid n'était proprement que la négation de la chaleur, car le positif ne peut pas co-exister avec le négatif, le même objet ne peut pas en même temps avoir telle qualité et ne l'avoir pas. Enfin le froid se fait sentir aussi bien que le chaud, preuve nouvelle qu'il a une existence positive. Toute sensation est nécessairement produite par une substance déterminée. Les sens ne peuvent pas être affectés par une négation, par le néant. Quand l'ouïe ne perçoit aucun bruit, on a l'idée du silence, mais on ne dit pas que l'oreille entend le silence; quand la main ne touche rien, on conçoit pareillement l'idée du vide, sans davantage pouvoir dire que l'on a palpé le vide. Si le froid n'était que l'effet d'un manque de chaleur, notre esprit concevrait bien cette idée d'absence, mais nous n'éprouverions pas des sensations de froid. Et non-seulement il se fait sentir, mais il occasionne des sensations très diverses . tantôt agréables et salutaires, tantôt pénibles et pernicieuses. Lorsque la chaleur n'abandonne pas le corps, qu'elle lutte à l'intérieur contre l'envahissement du froid, ce combat porte le nom de tremblement et de frisson.

Si elle est vaincue, les membres se glacent et s'engourdissent; mais si elle reprend le dessus, le corps est pénétré d'un sentiment de bien être, il se dilate et s'épanouit. Donc le froid n'est pas le simple anéantissement de la chaleur; c'est une force vive, apte à combattre une force opposée. S'il en était autrement, il faudrait retrancher l'hiver du nombre des saisons, et l'aquilon de la rose des vents, sous prétexte qu'ils ne seraient que l'absence, ou la négation, l'un de l'été, l'autre des vents du sud.

Plutarque conclut donc à l'existence, distincte et active, d'un principe frigorifique. Mais quel est-il? Et d'où part-il?

Il y a dans la nature quatre substances primordiales que leur étendue, leur simplicité et leur puissance font considérer comme les éléments et les principes de toutes les autres : ce sont le feu, l'eau, l'air et la terre. Et il existe un égal nombre de qualités essentielles, qui correspondent aux quatre éléments et leur font opérer ou subir des modifications de toute sorte. Ces quatre qualités élémentaires sont : le chaud et le froid, le sec et l'humide.

Quel est, parmi les éléments, celui qui engendre le froid ?

Assurément ce n'est pas le feu. Est-ce l'eau, l'air ou la terre ?

Chacun de ces trois éléments a ses partisans. Plutarque expose les arguments des philosophes qui ont opiné pour l'air, puis les raisons de ceux qui se sont décidés en faveur de l'eau. Mais il n'adopte ni l'un ni l'autre de ces systèmes. Pour lui, il est d'avis que c'est dans le sein de la terre que réside le principe du froid.

D'ailleurs il ne tient pas outre mesure à son opinion. Avec une modestie qui l'honore lui-même et qui est en même temps très flatteuse pour Favorin, il déclare en finissant qu'il se soumet d'avance au jugement de celui-ci : « Mets en parallèle, mon cher Favorin, ces diverses théories ; et si tu juges que pour la probabilité elle ne valent pas mieux les unes que les autres, tu me feras sans peine renoncer à la mienne, car tu penses avec raison que c'est le devoir du philosophe d'empêcher, dans les questions douteuses, les affirmations téméraires. »

Le traité sur la cause première du froid nous donne, au sujet de Favorin, un petit détail biographique. Nous y apprenons que, dans ses voyages, il était venu à Delphes. Décrivant les effets du froid, Plutarque rappelle à son ami un fait que celui-ci entendit raconter pendant qu'il se trouvait en cette ville. Des Bacchantes furent surprises sur le sommet du Parnasse par une tourmente de vent et de neige, et les hommes qui allèrent leur porter secours redescendirent ayant leurs chlamydes tellement raidies par le froid qu'elles ressemblaient à du bois et qu'elles se déchirèrent quand on essaya de les assouplir.

Cet écrit περὶ τοῦ πρώτως ψυχροῦ ne fut pas le seul que le philosophe de Chéronée dédia au philosophe arlésien. Lamprias, fils de Plutarque, avait dressé la liste de tous les ouvrages composés par son père. Cette liste nous a été conservée : on y trouve les titres d'un grand nombre de productions qui ne nous sont point parvenues. Parmi les œuvres que nous ne possédons pas, nous voyons mentionnée une épître à Favorin, ἐπιστολὴ πρὸς Φαβώρινον, ayant pour sujet et pour titre : *De l'amitié*, περὶ φιλίας. Ce délicat hommage atteste bien l'amitié qui unissait les deux écrivains [1].

Favorin, de son côté, usa envers Plutarque des mêmes procédés et l'honora de semblables dédicaces. Le célèbre médecin Galien écrivit, pour réfuter certaines opinions de notre philosophe, un traité qu'il intula : *De la meilleure doctrine*, περὶ ἄριστης διδασκαλιας. Il y mentionne divers ouvrages de Favorin, et notamment un exposé des

---

[1] L'index dressé par Lamprias (Πλουτάρχου βιβλίων πίναξ) a été donné par Fabricius, *Bibliothèque grecque*, livre IV. Il semble que dans cet index, tel que le donne Fabricius, l'épître à Favorin et le traité sur l'amitié forment deux ouvrages distincts. Cependant le même Fabricius, dans son livre III, où il consacre une notice à Favorin, dit expressément que Lamprias fait mention d'une *Épitre à Favorin sur l'amitié*.

principes de l'école Académique, περὶ τῆς Ἀκαδημαϊκῆς διαθέσεως, au frontispice duquel était inscrit le nom de Plutarque. Galien signale encore un autre livre adressé par notre auteur à Épictète et où il faisait figurer ce philosophe lui-même disputant avec Onésime, esclave de Plutarque. Nous savons déjà que ce dernier possédait des esclaves sur qui sa philosophie avait déteint.

## XI

Nous allons maintenant quitter la Grèce pour suivre Favorin à Rome.

Nous avons indiqué, au début de cette étude, que la vie du philosophe d'Arles se partage entre deux périodes : la première, toute grecque, comprenait son séjour dans la Grèce et dans l'Asie hellénique ; l'autre s'écoule et probablement s'achève à Rome.

Nous venons d'exposer quelle fut l'existence de Favorin en Grèce et en Ionie. Nous entrons à présent dans la phase romaine.

C'est surtout par Aulu-Gelle que cette seconde période nous est connue. Élève et admirateur enthousiaste de Favorin, l'auteur des *Nuits attiques* a rempli son recueil de souvenirs relatifs à son ancien maître. Tous ces détails éclairent d'un jour complet la personne du philosophe et font admirer l'éclat de ses facultés, l'étendue de son savoir, la vigueur de sa raison.

Quel fut à Rome le genre de vie qu'il mena? Les Romains goûtaient alors, autant que les Grecs, les déclamations ou *recitationes* publiques. Favorin s'y adonna et obtint les plus vifs succès. C'est ce qui résulte de divers passages d'Aulu-Gelle, et notamment d'un chapitre où il parle des applaudissements redoublés, *ingentes omnium clamores,* qui l'accueillirent un jour [1]. Nous avons entendu Philostrate nous raconter que lorsqu'il discourait à Rome, il y avait pour l'entendre le concours le plus empressé, et qu'il charmait par son éloquence ceux

[1] *Nuits attiques,* liv. IX, ch. VIII.

mêmes qui ne comprenaient pas la langue grecque.

Comme il avait dû le faire dans les villes d'Éphèse ou d'Athènes, assurément il ouvrit à Rome une école pour y enseigner la philosophie et l'éloquence. Beaucoup de jeunes gens, appartenant à l'aristocratie romaine, se vouaient à l'étude des belles-lettres et de la philosophie et se faisaient volontiers les humbles disciples d'un maître illustre comme Favorin. Ces écoliers toujours avides d'accroître leurs connaissances et de perfectionner leurs facultés intellectuelles, s'attachaient à la personne du maître, devenaient ses amis, formaient presque comme une famille autour de lui et l'accompagnaient partout. « A Rome, dit Aulu-Gelle, nous passions presque toutes nos journées avec Favorin ; *cum Favorino Romæ dies plerumque totos eramus...* » et il ajoute qu'on le suivait dans tous les endroits où il allait [1].

On avait raison d'entourer ainsi le philosophe et de rechercher son intimité : les

[1] Liv. XVI, ch. III.

moindres circonstances de la vie ordinaire lui fournissaient l'occasion de déployer son savoir et son éloquence, et par conséquent d'instruire ceux qui s'étaient faits ses compagnons.

Les *Nuits attiques* nous permettent de suivre dans tous ses détails cette existence quotidienne, toujours consacrée aux choses de la littérature.

Favorin invitait souvent à dîner chez lui ses élèves et ses amis. Comme chez Hérode, à Athènes, ou chez Plutarque, à Chéronée, ces repas sont essentiellement littéraires. Un esclave lit quelques pages d'un ancien poète, d'un historien ou d'un grammairien grec ou latin, et cette lecture donne aussitôt un thème aux savantes discussions [1].

Puis on part pour la promenade; plus tard on se rend aux bains. Mais on a eu soin d'apporter un livre et l'on continue la lecture et les commentaires. Si l'on rencontre sur son chemin quelque philosophe ou quelque érudit, on l'aborde, on le questionne,

[1] Liv. II, ch. XXII. — Liv. III, ch. XIX.

on discute avec lui. Quelquefois une simple inscription placée sur un monument fournit matière à une intéressante dissertation philologique [1].

Les relations sociales exigent que l'on fasse des visites. Fronton est malade, il souffre de la goutte ; Favorin s'empresse d'aller le voir. La jeune femme d'un de ses disciples vient d'accoucher ; il va féliciter l'heureux père. Ses élèves l'accompagnent dans ces visites ; et la conversation, au lieu de s'égarer en des futilités, prend le tour le plus sérieux et le plus instructif [2].

Quand l'empereur est à Rome, les philosophes viennent au Palatin, eux aussi, faire leur cour. Dès le matin, une foule de personnages distingués arrivent pour rendre au prince les mêmes hommages. Dans le vestibule du palais, des groupes se forment,

[1] Liv. III, ch. i. — Lix. XIII, ch. xxiv. — Liv. XVIII, ch. vii.

[2] Liv. II, ch. xxvi. — Liv. XII, ch. i.

et l'on disserte en attendant que César fasse dire qu'il est prêt à recevoir [1].

La ville de Rome offre d'ailleurs aux hommes de lettres mille ressources. Si l'on a des loisirs, on parcourt, dans le *Sandaliarium*, les boutiques de libraires [2]. On fréquente les bibliothèques publiques. Elles se sont multipliées depuis les empereurs. Il y a celle d'Auguste au Palatin, celle de Tibère au Capitole, celle de Vespasien dans le temple de la Paix, celle de Trajan sur le magnifique Forum qu'il a créé. On y trouve tous les ouvrages que l'on désire consulter, et des érudits avec lesquels on peut converser sur le mérite de ces ouvrages [3]. Si l'on tient à discourir en présence d'une assemblée tout-à-fait choisie, on se rend à l'Athénée. Fondé par Hadrien, l'Athénée est un lieu de réunion permanente où se rencontrent les philosophes, les orateurs, les poètes les plus en

---

[1] Liv. IV, ch. I. — Liv. XIX, ch. XIII. — Liv. XX, ch. I.
[2] Liv. XVIII, ch. IV.
[3] Liv. XIII, ch. XX.

renom, et où ils prennent tour à tour la parole devant un auditoire d'élite, formé non plus de disciples, mais de rivaux [1].

L'été, quand la chaleur rend le séjour de Rome insupportable, on se réfugie à Tibur, à Antium, à Ostie, chez des amis qui se disputent le plaisir de vous donner l'hospitalité [2]; et l'on philosophe au milieu des champs ou sur les bords de la mer, comme on le faisait à la ville.

Aulu-Gelle, compagnon assidu de Favorin, le suit en tous lieux, recueillant ces leçons et ces doctes entretiens inspirés par les circonstances les plus diverses. Il nous le montre sous des aspects multiples que nous allons étudier successivement : c'est tantôt un philologue qui apparaît, tantôt un moraliste, quelquefois un historien, un juriste à l'occasion. Mais quel que soit le caractère sous lequel s'offre à nous cette remarquable

---

[1] Aurelius Victor, XIV.

[2] Liv. XVII, ch. x. — Liv. XVIII, ch. i. — Liv. XIX, ch. v.

personnalité, deux qualités dominent toujours : une vaste érudition et une haute
raison.

Il eût été difficile de trouver un homme
qui possédât des connaissances littéraires
plus étendues. Nous savons déjà que le grec
était devenu pour lui comme sa langue
maternelle, et que, même à Rome, il se
servait presque toujours de cette langue.
Nous allons nous convaincre, en passant
en revue les différents exemples rapportés
par les *Nuits attiques*, que l'on ne pouvait
pas pousser plus loin qu'il ne l'avait fait
l'étude de la langue et de la littérature
latine.

Favorin se promenait un jour dans le
Forum de Trajan [1]. Il attendait que l'un des
consuls, dont il était l'ami, eût fini de rendre
la justice et fût descendu de son tribunal.
Les monuments qui bordaient le Forum

---

[1] Liv. VIII, ch. XXIV. Ce chapitre est intitulé : *Quæsi-
tum tractatumque, quid sint manubiæ : atque inibi
dicta quædam de ratione utendi verbis pluribus idem
significantibus.*

étaient surmontés de statues équestres et de trophées militaires en bronze doré avec cette inscription : EX MANVBIIS. Le maître, entouré, suivant l'usage, de tous ces jeunes gens que le désir d'apprendre attachait à ses pas, leur demande quelle leur semblait être l'exacte signification du mot *manubiæ*. L'un des assistants, homme très instruit, à qui même ses lumières avaient donné du renom, lui fait cette réponse : « L'expression *ex manubiis* a le même sens que celle de *ex prædâ*. On désigne par le mot de *manubiæ* le butin capturé avec la main. » Favorin prend alors la parole : « L'étude de la littérature et de la philosophie grecque, dit-il, a été l'occupation principale, presque constante, de ma vie. Pourtant je ne suis pas tellement peu familiarisé avec la langue latine, — quoique je ne l'aie étudiée qu'à mes moments perdus et en quelque sorte à bâtons rompus, — pour ne pas savoir que, dans l'acception vulgaire, *manubiæ* est usité comme synonyme de *præda*. Mais si ces deux mots ont une signification identique et ne diffèrent en rien, il faut sans doute, à ton avis, reprocher à Marcus Tullius de les avoir employés l'un à la suite de l'autre dans son discours des calendes de janvier, sur la loi agraire, et d'avoir ainsi commis un vain et disgracieux pléonasme, lui qui cependant choisissait avec tant de soin ses expressions. »

Favorin était doué, nous dit ici Aulu-Gelle, d'une mémoire vraiment extraordinaire. Il cita textuellement les passages de Cicéron auxquels il avait fait allusion : « *Prædam, manubias, sectionem, castra denique Cn. Pompeii, sedente imperatore, decemviri vendent.* » Et plus loin : « *Ex prædâ, ex manubiis, ex auro coronario.* » Puis se tournant vers celui qui prétendait que *manubiæ* et *præda* avaient le même sens : « Cicéron, à ce qu'il te semble, se serait donc, et à deux reprises, servi sans raison et sans profit de ces deux termes que tu trouves parfaitement semblables, et il aurait par là mérité le plaisant reproche qu'Aristophane, le plus facétieux des comiques, fait adresser par Euripide à Eschyle : « Le

« sage Eschyle nous répète deux fois la même
« chose. Car, je me rends, dit-il, dans le sein
« de la terre et j'y descends. Ces deux mots
« ont la même signification. Par Jupiter!
« c'est comme si quelqu'un disait à son
« voisin : Prête-moi ta huche, je te prie,
« et ton pétrin. »

— Je suis loin, répond l'interlocuteur de
Favorin, de vouloir comparer des mots
identiques, tels que *huche* et *pétrin,* avec les
synonymes que les poètes ou les orateurs
associent quelquefois pour donner à leur
pensée plus d'éclat et de vigueur.

— Mais à quoi peut servir, dit Favorin, la
répétition de la même idée sous les deux
noms de *manubiæ* et de *præda?* Est-elle un
ornement pour le discours? Le rend-elle
plus harmonieux, plus élégant? Permet-elle
de flétrir le crime avec plus de force? 
Assurément il est arrivé au même Tullius
d'employer plusieurs mots pour exprimer
avec plus d'énergie et de véhémence une
même chose. Il l'a fait dans son discours *de
constituendo accusatore* : « La Sicile tout

« entière, si elle parlait, n'aurait qu'une
« voix pour dire : tout l'or, tout l'argent,
« tous les ornements de mes villes, de mes
« demeures, de mes temples... ; *quod auri,*
« *quod argenti, quod ornamentorum in*
« *meis urbibus, sedibus, delubris fuit.* » Là,
après avoir parlé des villes entières, il ajoute
les demeures et les temples qui sont contenus
dans les villes. Et plus loin : « Verrès est
« accusé d'avoir, pendant trois ans, ravagé
« la Sicile, dévasté les villes, pillé les
« maisons, spolié les temples ; *Siciliam...*
« *depopulatus esse, Siculorum civitates vas-*
« *tasse, domos exinanisse, fana spoliasse.* »
N'est-il pas de toute évidence que la Sicile,
nommée en premier lieu, renferme les villes,
les maisons, les temples, qu'il énumère
ensuite ? Et tous ces verbes qui se suivent ;
*depopulatus esse, vastasse, exinanisse, spo-*
*liasse,* n'ont-ils pas la même valeur ? Sans
aucun doute. Cependant la gravité du sujet
autorise cette accumulation d'expressions
fortes et sévères qui ont toutes à peu près le
même sens, mais qui, lorsqu'en se succédant

elles frappent l'oreille et l'esprit, semblent éveiller plusieurs idées différentes. Le vieux Caton avait lui-même recouru à cet artifice oratoire, consistant à multiplier, pour une seule et même accusation, les formules les plus dures. Nous en trouvons un exemple dans son discours sur les dix hommes mis à mort, dans lequel il accuse Thermus d'avoir, le même jour, envoyé dix hommes libres au supplice. Comme ce sont les premières lueurs de l'éloquence latine, alors à son aurore, il m'est agréable de vous rappeler ce passage : « Ton abominable crime, tu « cherches à le couvrir par un acte plus cri- « minel : tu égorges des victimes humaines, « tu fais un affreux carnage, tu commets « dix meurtres, tu abats dix têtes libres, tu « arraches la vie à dix hommes libres, sans « qu'ils aient été accusés, jugés, condam- « nés [1]. » Le même Caton, dans l'exorde du

---

[1] Tuum nefarium facinus pejore facinore operire postulas ; succidas humanas facis, tantas trucidationes facis, decem funera facis, decem capita libera interficis, decem hominibus vitam eripis, indictâ causâ, injudicatis, indemnatis.

discours qu'il prononça devant le Sénat en faveur des Rhodiens, voulant décrire une prospérité excessive, s'est servi de trois expressions analogues : « Je sais, dit-il, que « la plupart des hommes, quand la fortune « leur est propice, les favorise, les fait « prospérer, sont sujets à laisser enfler leur « orgueil et leur insolence [1]. » Et il a encore usé du même procédé au septième livre des *Origines*, dans son discours contre Servius Galba : « Plusieurs motifs m'enga- « geaient à me tenir éloigné : les années, « mon grand âge, ma voix affaiblie, mes « forces disparues, ma vieillesse ; mais en « pensant que l'on allait traiter une affaire « aussi importante..... [2] »

Après toutes ces citations latines, Favorin, dont l'érudition est inépuisable, prend dans Homère divers exemples de semblables

---

[1] Scio solere plerisque hominibus in rebus secundis atque prolixis atque prosperis animum excellere, atque superbiam atque ferociam augescere.

[2] Multa dehortata sunt huc prodire, anni, ælas, vox, vires, senectus ; vero enimvero quum tantam rem pera- gier arbitrarer.....

répétitions. On trouve dans l'*Iliade* ces deux vers « Jupiter arrache Hector du milieu des traits, de la poussière, du carnage, de la mêlée. » Et cet autre : « La mêlée, les combats, les meurtres, le carnage. » Ideus, s'interposant entre Hector et Ajax, dont il veut arrêter le combat, leur parle en ces termes : « Enfants chéris, cessez de vous attaquer, cessez de vous combattre. » Il y a dans l'*Odyssée* : « Les prétendants méditaient la mort et le trépas de Télémaque. » Homère a dit encore : « Va, pars, songe trompeur... va, pars, Iris, rapide messagère. » Favorin montre qu'en accumulant ainsi des termes dont la signification diffère si peu, le poète n'obéissait pas aux nécessités de la mesure : il donnait par là plus de relief au tableau qu'il voulait peindre, plus de force à la pensée qu'il voulait exprimer.

Un dernier exemple, qui ramène cette discussion littéraire vers son point de départ, est tiré de Cicéron. Dans le discours contre L. Pison, l'emploi de trois synonymes a permis au grand orateur de décrire avec beaucoup d'élégance, mais aussi avec une rare énergie, le masque dont l'hypocrisie sait quelquefois recouvrir un visage : « Enfin, dit-il, la physionomie tout entière, qui est la muette expression des sentiments de l'âme, fit tomber ces hommes dans le piège : elle abusa, elle trompa, elle égara tous ceux auxquels Pison était inconnu [1] ».

« Que faut-il donc conclure? ajoute Favorin. Que le même Cicéron a employé simultanément les mots de *præda* et de *manubiæ*, comme s'ils étaient synonymes? Pas le moins du monde. Si *præda* avait le même sens que *manubiæ*, cette seconde expression ajoutée à la première n'aurait donné à la phrase ni plus de grâce, ni plus de force, ni plus d'harmonie. Mais en réalité la signification de ces deux mots est bien différente, ainsi que l'indiquent les anciens écrits; car *præda* désigne les objets mêmes

---

[1] Vultus denique totus, qui sermo quidam tacitus mentis est, hic in fraudem homines impulit; hic eos, quibus erat ignotus, decepit, fefellit, induxit.

enlevés à l'ennemi, *manubiæ*, l'argent que
le questeur a retiré de la vente du butin.
Tullius a joint les deux termes pour faire
paraître plus odieuse la conduite des décemvirs cherchant à enlever et la partie du
butin qui n'était pas encore vendue et
l'argent provenant de la vente du reste. De
même, dans l'inscription que vous apercevez :
EX MANVBIIS, il n'est pas question des choses
capturées, (car Trajan n'avait rien rapporté
de son expédition); il s'agit de sommes
produites par le butin; je viens de dire, en
effet, que par *manubiæ* on entend non point
le butin en nature, mais l'argent obtenu au
moyen de la vente qu'en fait le questeur du
peuple romain. Ce que je dis du questeur
s'applique aujourd'hui au préfet du trésor;
car la garde du trésor a passé des questeurs
aux préfets. Certains écrivains, qui ne sont
pas dépourvus de mérite, ont employé *præda*
pour *manubiæ* et *manubiæ* pour *præda;* ils
l'ont fait par distraction ou par ignorance,
ou parce qu'ils ont cru qu'il était permis de
prendre, par une sorte de trope, un de ces

mots pour l'autre. Mais ceux qui voulaient parler correctement et qui avaient souci de la propriété des termes, ont, comme Tullius dans les passages que j'ai cités, choisi l'expression de *manubiæ* pour désigner l'argent. »

Le chapitre d'Aulu-Gelle que nous venons de traduire n'est-il pas de nature à nous donner une haute idée de la science philologique et littéraire de Favorin? Le sens précis de *manubiæ*, qu'il connait si bien, est ignoré de beaucoup de gens. Il nous apprend lui-même que de bons auteurs ont confondu ce mot avec *præda*, et son interlocuteur, qui est pourtant un homme instruit, commet la même erreur. Et quelle étonnante mémoire! Cette longue dissertation est certainement improvisée. En se promenant sur la place pour attendre le consul, il jette les yeux sur l'inscription que portent les monuments élevés par Trajan. C'est une circonstance purement fortuite, et il est évident qu'il n'y a là rien de préparé. Cependant il cite textuellement plusieurs passages de Cicéron, plusieurs fragments du vieux Caton, une tirade d'Aristophane, différents vers d'Homère. Il justifie ainsi les expressions d'*egregia vel divina* employées par Aulu-Gelle pour qualifier la mémoire dont il était doué.

Favorin eut d'autres occasions de montrer quelle importance il avait donnée à ses études philologiques. Un matin, il se trouvait, avec une foule de personnages de tout rang, dans le vestibule de la demeure impériale, au Palatin [1]. On venait saluer César et l'on attendait que l'audience commençât. Au milieu d'un cercle de savants auquel s'était mêlé le philosophe arlésien, un grammairien débitait de pédantesques niaiseries, en essayant de se donner, par des froncements de sourcils, l'intonation de la voix et l'air compassé du visage, une feinte gravité qui l'eût fait prendre pour un interprète des oracles de la Sybille. Il dissertait

---

[1] Liv. IV, ch. i: *Sermo quidam Favorini philosophi cum grammatico jactantiore factus in Socraticum modum...*

sur les genres et les cas des noms. Tout à
coup s'adressant à Favorin, quoiqu'il le
connût fort peu: « Il y a aussi, lui dit-il,
le mot *penus* [1] qui est de divers genres et
que l'on décline de plusieurs manières; car
les anciens ont écrit *hoc penus, hæc penus,*
et au génitif, *peni, peneris, peniteris, penoris.*
Et encore le mot *mundus* [2], que tout le
monde fait masculin, et qui est neutre dans
les vers suivants de la seizième satire de
Lucilius: « Un mari légua à sa femme tout
« son *mundum* et tout son *penus.* Mais ce
« *mundum,* que comprend-il? Que ne com-
« prend-il pas? Qui peut savoir cela? » Et
là-dessus le vaniteux grammairien, pour
faire parade de son savoir, étourdit les
assistants par une multitude de témoignages
et de citations.

Favorin, choqué de voir un homme si
content de lui-même, lui dit tranquillement:
« Illustre maître, dont le nom ne m'est pas

---

[1] Provisions de ménage.
[2] *Mundus muliebris,* toilette, parure de femme.

connu, tu viens de nous enseigner complaisamment beaucoup de choses que nous ignorions, mais que nous ne demandions pas à apprendre. Que nous importe, en effet, à moi ou à celui avec qui je converse, que *penus* soit de tel ou tel genre, ou se décline de telle ou telle façon, puisque les diverses manières étant usitées, on n'a pas à redouter de commettre un barbarisme? Mais ce que j'ai besoin de savoir, c'est la signification précise de ce mot, afin que je ne sois pas exposé, comme ces esclaves étrangers qui essayent de parler latin, à donner des noms impropres à certains objets d'un usage quotidien.

— Voilà un point bien facile à éclaircir, répond le grammairien; car qui ne sait pas que *penus* désigne le vin, le blé, l'huile, les lentilles, les fèves et autres denrées de même nature?

— Mais, demande Favorin, cette dénomination peut-elle s'appliquer au millet, au panic, aux glands, à l'orge? »

Et comme le grammairien hésite à répondre :

« Au reste, ajoute le philosophe, ne te mets pas en peine pour me dire si les choses que je viens de nommer sont comprises dans l'expression de *penus*. Au lieu d'énumérer les diverses espèces de *penus*, donne-moi la définition de ce qu'il faut entendre par là, en indiquant les caractères génériques et les différences.

— De quels caractères, de quelles différences veux-tu parler? J'avoue que je ne te comprends pas.

— Tu me demandes, répond Favorin, d'expliquer encore plus clairement, — ce qui est fort difficile, — une chose déjà clairement expliquée. Il est universellement admis que toute définition se tire des caractères génériques de l'objet à définir, et des différences existant entre cet objet et les autres. Cependant, si tu désires que je te mâche, comme on dit, les morceaux, je m'y prêterai pour te faire plaisir. » Et Favorin poursuit en ces termes :

« Si je te prie de me définir ce que c'est qu'un homme, tu ne me répondras pas, je suppose : un homme, c'est toi ou c'est moi.

Une telle réponse me montrerait bien qui est un homme, mais ne me dirait point ce que c'est que l'homme. Pour me donner une véritable définition, tu me dirais certainement que l'homme est un animal mortel, doué de raison, capable de s'instruire; ou tu signalerais tout autre caractère constituant des différences entre l'homme et les animaux. Or, maintenant, je te demande de me dire ce que c'est que le *penus*, et non pas de me désigner chacun des objets auxquels ce mot peut être appliqué. »

Ne sachant que répondre, le grammairien, si grand faiseur d'embarras, est obligé de baisser le ton : « Je n'ai jamais, dit-il d'une voix humble, étudié ni désiré apprendre la philosophie; et quoique je ne sache pas si l'orge fait partie du *penus* et comment on peut définir ce terme, ce n'est pas une raison pour que je sois un ignorant en littérature.

— Apprends donc, dit alors Favorin se mettant à rire, que la définition de *penus* embarrasse autant ma philosophie que ta

grammaire. En effet, tu te souviens, je pense, que l'on a coutume de discuter pour savoir ce que Virgile a voulu dire par ces mots : *penum instruere longam* ou *longo ordine*. Et pour tranquilliser ton esprit, j'ajouterai que les docteurs en droit ancien, ceux auxquels on a donné le nom de sages, n'ont pas pu définir le *penus* d'une façon suffisamment exacte. Q. Scævola a dit :
« Le *penus* comprend ce que l'on boit et ce
« que l'on mange. On doit, suivant la
« remarque de Mucius, entendre par ce
« mot les approvisionnements faits pour les
« besoins du père de famille, de ses enfants,
« et de tous ceux qui habitent ou travaillent
« auprès d'eux ; et non point ce que l'on
« prépare chaque jour pour les repas du
« matin et du soir. *Penus* se dit proprement
« des denrées amassées et enfermées, en
« vue d'un long usage, à l'intérieur, au fond
« de la maison, *intùs et penitùs* : c'est là
« l'étymologie. »
Favorin termine ainsi la discussion :
« Bien que je me sois adonné à la philosophie, je n'ai pas négligé de m'instruire en

toutes ces matières, parce qu'il me paraît aussi honteux pour des citoyens romains, parlant la langue latine, de ne pas désigner les choses par le mot propre, que de ne point appeler les gens par leur vrai nom. »

Et l'auteur des *Nuits attiques*, en achevant son récit, ajoute, sous forme de conclusion : « C'est ainsi que Favorin relevait une conversation vulgaire, ayant pour point de départ un sujet futile et dépourvu d'intérêt, et savait en tirer des enseignements profitables à ses auditeurs ; ce qu'il faisait sans affectation ni pédanterie, non point au moyen de diversions étrangères, mais avec des ressources nées et empruntées du sujet même. »

Pour approfondir l'étude de la langue, on se livrait volontiers aux recherches étymologiques. Un soir, chez Favorin, un esclave lisait pendant le souper un traité *sur l'origine des mots*, de Gabius Bassus, « homme érudit, » écrit Aulu-Gelle [1]. On y rencontra

---

[1] Liv. III, ch. IX : *Quâ ratione Gabius Bassus scripserit* parcum hominem *appellatum, et quam ejus vocabuli*

ce passage : « *Parcus,* (économe, avare) est composé des deux mots : *par arcæ,* pareil à un coffre. Car, si le coffre est le gardien et le préservateur des objets que l'on y renferme, l'homme qui tient à économiser, sachant se contenter de peu, garde et conserve toutes choses comme un coffre. » Favorin, à ces mots, interrompt le lecteur : « Ce Gabius Bassus, dit-il, est allé inventer là une étymologie que je trouve prétentieuse, impropre, inacceptable. S'il est permis en pareille matière de laisser le champ libre à son imagination, pourquoi ne pas dire que *parcus* est la contraction de *pecuniarcus,* provenant de *pecuniam arcere,* car celui qui veut épargner *empêche l'argent (pecuniam arcet)* d'être dissipé par la dépense? Mais que n'adoptons-nous l'explication qui est en même temps la plus vraie et la plus simple? *Parcus* ne vient ni de *arca,* ni de *arcere,* il dérive de *parùm* ou de *parvus.* »

*causam putarit ; et contra, quem in modum quibusque verbis Favorinus hanc traditionem ejus eluserit.*

Quelque savant qu'il fût, Favorin n'avait pas l'orgueil de croire qu'il n'eût plus rien à apprendre; il ne négligeait aucune occasion de s'instruire davantage et il interrogeait volontiers les hommes qui pouvaient lui fournir quelque lumière nouvelle. En se promenant avec Aulu-Gelle et d'autres disciples, il rencontra, près du temple de Carmente, un grammairien qui avait acquis à Rome, par son savoir, une grande réputation [1]. Domitius était son nom, mais on l'avait surnommé l'Insensé, *Insanus,* à cause de son humeur chagrine et de son caractère intraitable. Favorin l'aborde : « Maître, lui dit-il, je te prie de m'apprendre si j'ai eu tort de traduire en latin le mot grec δημηγορίαι par *conciones* : car j'en suis encore à me demander si chez les anciens auteurs qui ont écrit le plus purement, on trouve le terme de *concio* employé dans le sens de *discours.* » Domitius lui répond d'un ton rude et avec un air rébarbatif : « Nous

[1] Liv. XVIII, ch. VII.

sommes perdus ! Vous n'avez souci, vous, les plus illustres des philosophes, vous ne vous occupez que des mots et de la valeur des mots. Je t'enverrai un livre dans lequel tu trouveras ce que tu désires savoir. Moi, grammairien, je m'applique à l'étude de la morale ; vous autres, philosophes, vous vous mettez à collectionner de petits mots, des obscurités, des choses aussi vaines et aussi frivoles que les lamentations des pleureuses louées pour les enterrements. » Et il ajoute : « Ah ! plût à Dieu que tous tant que nous sommes nous fussions muets ! L'iniquité serait privée de son plus redoutable instrument. »

Favorin, lui, avait un bon caractère. Il ne se fâcha pas de la boutade du grammairien. Après l'avoir quitté il dit à ses disciples, moitié en latin et moitié en grec : « Nous avons abordé cet homme dans un mauvais moment. Il était en proie à une crise du genre de folie auquel il est sujet. Sachez bien, d'ailleurs, que cette humeur noire, que les Grecs appellent *mélancolie*, n'est pas la maladie des esprits vulgaires : dire courageusement la vérité, en toute occasion et tout entière, c'est, au contraire, presque toujours le propre des âmes héroïques. Que pensez-vous de ce qu'il vient de dire des philosophes? Sorties de la bouche d'Antisthène ou de Diogène, ces paroles n'auraientelles point paru dignes de passer à la postérité? »

Domitius envoya peu de temps après à Favorin le livre qu'il lui avait promis. C'était, autant qu'Aulu-Gelle s'en souvient, un traité de Verrius Flaccus. On y lisait que *concio* désigne en même temps : le lieu dans lequel le discours est prononcé, le discours lui-même, l'assemblée qui l'écoute, et l'endroit élevé, la tribune d'où parle l'orateur. L'auteur ne citait aucun exemple à l'appui de son affirmation. Mais Aulu-Gelle trouva plus tard dans Cicéron et chez d'autres écrivains de mérite des passages où ces différentes significations étaient employées. Il s'empressa de les montrer à son maître qui tenait surtout à savoir si *concio* pouvait être pris dans le sens de *discours*.

Quoique Favorin appréciàt fort les beautés de la langue latine, il avait une prédilection marquée pour le grec, qu'il considérait comme bien supérieur. Il était allé voir Fronton, souffrant d'un accès de goutte et il avait voulu qu'Aulu-Gelle l'accompagnât dans cette visite. Ils trouvèrent Fronton entouré d'un cercle d'hommes instruits avec lesquels il devisait. L'entretien roula sur les différentes couleurs et les noms qui leur ont été donnés. On constatait que pour désigner des nuances très nombreuses la langue latine ne possédait qu'une petite quantité de mots, dont le sens manquait de précision [1].

« L'organe de la vue, dit Favorin, perçoit beaucoup plus de nuances que la langue n'en peut nommer; car, sans parler des autres couleurs, combien y a-t-il de variétés de rouge et de vert, qui cependant portent toujours le même nom? Cette pénurie de mots se fait sentir bien plus pour la langue

---

[1] Liv. II, ch. XXVI : *Sermones M. Frontonis et Favorini philosophi de generibus colorum vocabulisque eorum græcis et latinis...*

latine que pour la langue grecque. Ainsi *rufus*, qui vient de *rubor*, s'applique aux objets de couleur rouge. Mais le feu, le sang, la pourpre, le safran ne sont pas du même rouge : ces différences, la langue latine ne peut pas les exprimer par des mots distincts et appropriés; elle comprend toutes ces teintes sous l'unique dénomination de *rubor ;* ou si elle les spécifie, c'est avec des termes empruntés de l'objet coloré : on dit *igneus, flammeus, sanguineus, croceus.* Les adjectifs *russus* et *ruber* ne diffèrent en rien de *rufus* et ne désignent pas des nuances spéciales. Les Grecs, au contraire, ont les mots ξανθός, ἐρυθρός, πυῤῥός, φοῖνιξ, qui semblent se rapporter aux diverses espèces de rouge, foncées ou claires, ou mélangées d'autres teintes. »

Fronton prend la défense du latin, tout en reconnaissant de bonne grâce la supériorité du grec. « Je ne veux pas nier, dit-il, que la langue grecque, à laquelle tu parais avoir donné tes préférences, ne soit plus riche que la nôtre : mais pour distinguer les couleurs dont tu viens de parler, nous ne sommes pas aussi pauvres que tu crois. En effet, pour le rouge, nous n'avons pas seulement *rufus* ou *ruber*, et les autres qualificatifs que tu as cités tout-à-l'heure. *Fulvus, flavus, rubidus, phœniceus, rutilus, luteus, spadix* désignent autant de nuances du rouge : le rouge vif, le rouge sombre, les teintes claires ou foncées, le rouge mêlé d'autres couleurs. *Phœniceus*, dérivé du grec φοῖνιξ, que tu as mentionné ; *spadix* venant aussi du grec, et synonyme avec *rutilus* du premier de ces mots, marquent le rouge ardent, éclatant : c'est la teinte des fruits du palmier avant leur complète maturité, et telle est l'origine des mots *spadix* et *phœniceus. Fulvus* indique le mélange de rouge et de vert, avec prédominance tantôt de l'une, tantôt de l'autre de ces deux couleurs ; *flavus*, le mélange de vert, de rouge et de blanc. » Et Fronton, pour justifier ces distinctions, cite divers exemples tirés de Virgile, d'Ennius et de Pacuvius. « *Rubidus*, poursuit-il, est le rouge sombre, tirant sur le noir ; *luteus*, le rouge clair. Tu vois, mon cher Favorin, que le rouge a chez nous autant de noms que chez les Grecs. Pour le vert, ceux-ci n'en ont pas davantage..... »

Favorin, enthousiasmé par cette érudition nourrie et par l'élégance avec laquelle Fronton s'exprimait, lui dit courtoisement : « Avant de t'avoir entendu j'avais la conviction que le grec l'emportait de beaucoup sur le latin; mais tu viens de faire, mon cher Fronton, ce que dit Homère :

« Tu as vaincu, ou du moins tu as rendu « la victoire incertaine. »

« J'ai écouté avec le plus vif plaisir tout ce que tu nous a exposé d'une façon si attachante, mais surtout ce que tu as dit au sujet de la nuance à laquelle correspond le mot *flavus*. Grâce à toi, je comprends maintenant un très agréable passage du quatorzième livre des *Annales* d'Ennius que je ne m'expliquais pas bien :

« Aussitôt ils fendent doucement la sur-« face rougeâtre de la mer immobile; et

« l'onde verdoyante écume, refoulée par les
« nombreux vaisseaux [1]. »

« Je ne pouvais accorder ensemble les
mots *cæruleum* et *flavo*; mais puisque
*flavus*, comme tu viens de me l'apprendre,
c'est le rouge mêlé de vert et de bleu, le
poète a très élégamment donné cette épithète
à la mer qui est verdâtre lorsqu'elle écume. »

Une dissertation du même genre avait eu
pour thème les vents et leurs différents
noms [2]. On soupait chez Favorin qui, ce
soir-là, faisait donner lecture à ses invités
d'un poème latin. L'auteur de ce poème
parlait du vent *Iapyx*. En entendant ce mot,
les assistants demandent à leur hôte quel
est ce vent, dans quelle direction il souffle,
et quelle est l'origine du nom assez peu
usité qui lui a été donné ; et en même temps

---

[1] Verrunt extemplo placide mare marmore flavo :
Cæruleum spumat mare confertâ rate pulsum.

[2] Liv. II, ch. XXII: *De vento* Iapyge, *deque aliorum
ventorum vocabulis regionibusque accepta e Favorini
sermonibus.*

ils témoignent le désir d'apprendre de lui quels sont les autres vents, lui faisant remarquer qu'en général on ne s'accordait guère sur leurs dénominations et sur leur nombre.

Favorin, dont l'érudition n'était jamais en défaut, ne se fit pas prier:

« Tout le monde sait, dit-il, que le ciel est divisé en quatre régions qui sont: l'orient, l'occident, le midi et le septentrion. L'orient et l'occident n'ont pas de fixité et se déplacent, tandis que le midi et le septentrion ne varient jamais. En effet le lever du soleil ne s'effectue pas toujours au même point du ciel; de là divers noms donnés à l'orient: on l'appelle *æquinoctialis* quand il parcourt cet espace que les Grecs nomment ἰσημερινὸς (où les jours sont égaux aux nuits); *solstitialis*, à l'époque du solstice d'été; *brumalis*, du solstice d'hiver. De même, l'endroit où se couche le soleil change suivant la saison, et pour ce motif l'occident a reçu les mêmes noms que l'orient. Le vent qui s'élève du côté où se trouve l'orient au printemps,

c'est-à-dire pendant l'équinoxe, se nomme
*Eurus*, et ce mot dérive, selon les étymolo-
gistes, de ἀπὸ τῆς ἠοῦς ῥέων, soufflant du
côté de l'aurore. Les Grecs l'appellent aussi
Ἀπηλιώτης (soufflant du côté du soleil),
et les mariniers romains, *Subsolanus*. Le
vent qui vient de l'orient pendant le solstice
d'été a pour noms *Aquilo* en latin et *Boreas*
en grec ; c'est, dit-on, celui auquel Homère,
en considération de ses effets, applique
l'épithète d'Αἰθρηγενέτης, qui purifie le
ciel ; on pense que le mot de Borée vient de
βοὴ, cri, parce que ce vent est impétueux
et mugissant. Le troisième vent d'orient,
qui souffle pendant le solstice d'hiver, est
nommé *Vulturne* chez les Romains, et chez
les Grecs, Εὐρόνοτος, ce qui veut dire :
intermédiaire entre l'Eurus et le Notus.
L'Aquilon, l'Eurus, le Vulturne sont donc
les trois vents d'orient. Ils ont pour contraires
trois autres vents qui partent de l'occident :
le *Caurus,* appelé par les Grecs Ἀργέστης,
souffle à l'encontre de l'Aquilon ; le *Favo-
nius,* Ζέφυρος pour les Grecs, est opposé à

l'Eurus; et le troisième, l'*Africus*, en grec Λίψ, règne dans la direction contraire à celle du Vulturne. Ces deux régions du ciel, l'orient et l'occident, situées à l'opposite l'une de l'autre, ont donc six vents. Le midi qui est toujours invariable, n'en a qu'un, que l'on nomme *Auster* en latin, et en grec Νότος, parce qu'il amène les nuages et la pluie : νοτὶς signifie *humor*, humidité. Pour la même raison, le septentrion n'a qu'un vent. C'est le contraire de l'Auster. Il porte en latin le nom de *Septentrionarius,* en grec d''Απαρκτίας (qui vient de l'Ourse.) Voilà bien en tout huit vents. Au lieu de huit, il y a des gens qui n'en comptent que quatre ; ils invoquent pour cela l'autorité d'Homère, dans lequel sont seuls mentionnés l'Eurus, le Zéphyre, le Notus et l'Aquilon, et ils n'admettent que les quatre grandes divisions du ciel, sans subdiviser l'orient et l'occident, à cause de leurs variations, en trois parties. D'autres, au contraire, multipliant les vents intermédiaires, veulent qu'il y en ait douze. Maintenant, outre les noms que je viens d'énumérer, il existe pour les vents des dénominations particulières que dans chaque contrée les habitants leur ont données, en les tirant soit des noms des lieux, soit de toute autre circonstance. Ainsi les Gaulois, mes compatriotes, nomment *Circius* un vent qui souffle dans leur pays, et de la violence duquel ils ont beaucoup à souffrir : ce mot a été créé, je pense, pour marquer l'impétuosité de ses tourbillons. Il naît sur les côtes de l'Iapygie un vent que les Apuliens, habitants de cet endroit, ont appelé *Iapyx*, du nom même de leur territoire. J'estime que c'est le même que le Caurus ; car il vient de l'occident et semble en opposition avec l'Eurus. Aussi Virgile a-t-il dit que Cléopâtre, fuyant vers l'Égypte après le désastre de sa flotte, était poussée par l'Iapyx. Le poète désigne également par le même nom d'Iapyx un cheval d'Apulie. Il existe encore un autre vent, le *Cæcias*, dont l'effet, au dire d'Aristote, est non point de chasser les nuages, mais, au contraire, de les assembler : de là ce vers passé en proverbe :

« Il attire à lui tous les maux comme
« le Cæcias attire les nuages. » Il y aurait,
en outre, à citer beaucoup d'autres noms de
vents imaginés par les habitants de chaque
région : tels sont, par exemple, l'*Atabule*
dont parle Horace, les vents dits *Étésiens* et
*Prodromes* qui, à une époque fixe de l'année,
au commencement de la canicule, soufflent
de différents côtés du ciel. Je pourrais, —
car c'est un sujet dont je suis imbu, — vous
exposer les raisons qui ont motivé la formation de ces divers noms. Mais il y a déjà
longtemps que je parle, tandis que vous
m'écoutez en silence, comme si je faisais
une leçon en règle. Or, au milieu d'une
nombreuse compagnie réunie à table, il
n'est ni juste ni convenable que le même
personnage garde toujours la parole. »

## XII

Cette connaissance approfondie de la langue grecque et aussi de la langue latine avait développé chez Favorin un goût littéraire très sûr, qui donnait à ses critiques une grande autorité. Les *Nuits attiques* ont conservé le jugement qu'il porta un jour, avec autant d'indépendance que de justesse, sur le prince des poètes romains.

Il passait l'été chez un de ses amis, dans une maison de campagne située près d'Antium. Aulu-Gelle vint de Rome exprès pour l'y voir. Une de leurs conversations tomba sur Virgile. Favorin entreprit d'établir un parallèle entre la description que Pindare avait faite de l'Etna, et celle qui se trouve au troisième livre de l'Éneide [1].

[1] Liv. XVII, ch. x : *Quid de versibus Virgilii Favorinus existimarit, quibus in describendâ flagrantiâ montis Ælnæ Pindarum poetam secutus est : collataque ab eo super eâdem re utriusque carmina et dijudicata.*

Voici en quels termes il s'exprima sur le compte de Virgile :

« Virgile, — d'après les détails que nous ont transmis sur son caractère et ses habitudes ceux qui vécurent dans son intimité, — disait souvent de lui-même qu'il produisait ses vers à la manière des ours. L'ours, en effet, met au jour des êtres absolument informes, qu'il lèche ensuite pour les dégrossir et leur donner une certaine tournure. Le génie du poète accouchait pareillement de productions toujours imparfaites et grossières. Mais à force de les travailler, il parvenait, par des remaniements et des retouches, à les revêtir d'une forme irréprochable. Cet homme, doué d'un sens critique si délicat, disait vrai lorsqu'il parlait de lui avec tant d'ingénuité, et ses ouvrages montrent combien son aveu était sincère. Les morceaux qu'ils nous a laissés achevés et polis, ceux auxquels, avec une amoureuse sévérité, il a mis la dernière main, ont toute la fleur de la beauté poétique : mais ceux qu'il avait différé de revoir, et qu'il n'eut pas le temps de corriger parce que la mort le prévint, ne sont dignes ni du nom ni du goût du plus élégant des poètes. Aussi, lorsque, en proie à la maladie, il sentit approcher la mort, il conjura ses plus chers amis de détruire l'Énéide, qu'il n'avait pas suffisamment perfectionnée. Parmi les passages qui auraient eu besoin d'être retouchés, nous devons signaler surtout la description du mont Etna. Virgile voulait rivaliser avec le vieux poète Pindare, auteur, lui aussi, d'une peinture de ce volcan. Mais il a tellement outré les images, qu'il a, par ses exagérations et son enflure, dépassé Pindare, à qui déjà l'on reprochait un peu trop d'emphase. Pour vous faire juges vous-mêmes de l'exactitude de mes appréciations, je vais vous réciter, autant que ma mémoire me le permettra, les vers de Pindare au sujet de l'Etna :

« Du fond d'un gouffre jaillissent les « sources pures d'un feu inaccessible. Pen-« dant le jour, les fleuves épanchent des « torrents de fumée noirâtre (ῥόον καπνοῦ « αἴθωνα). Pendant les ténèbres, la flamme

« rouge, en tourbillonnant, lance avec fracas
« des rochers dans les profondeurs de la
« mer. Vulcain pousse et fait serpenter sur
« les flancs de la montagne ces effroyables
« éruptions (κρουνοὺς). Prodige terrifiant
« pour ceux qui le regardent et pour ceux
« qui l'entendent [1]. »

« Écoutez maintenant les vers que Virgile
a faits ou, pour parler avec plus d'exactitude,
simplement ébauchés :

« Le port, à l'abri des vents, est tran-
« quille ; il est immense. Mais à côté tonne
« l'Etna, au milieu de ruines épouvantables.
« Tantôt il projette vers le ciel une nuée
« sombre, où se mêlent des tourbillons de
« fumée noire et de flamme blanche ; il
« lance des globes de feu, il va lécher les
« astres. Tantôt il soulève et vomit des rocs
« arrachés aux entrailles de la montagne, il
« accumule dans les airs, avec un bruit de
« gémissement, les rochers en fusion, il

---

[1] *Pythiques*, ode première.

« bouillonne dans les profondeurs du
« gouffre [1]. »

« Remarquons d'abord que la description
de Pindare est plus conforme que celle de
Virgile à la vérité des choses; elle dit, en
effet, — ce que tous les observateurs ont
constaté, — que l'Etna fume pendant le
jour et flambe pendant la nuit. Virgile,
péniblement occupé du soin d'assembler
des mots sonores et retentissants, confond
les deux phénomènes. Le poète grec dit
excellemment que le cratère vomit des
sources de feu, répand des torrents de fumée,
que les flots de lave incandescents et tortueux
se précipitent dans la mer, semblables à des
serpents de feu. Notre Virgile, essayant de

[1] Portus ab accessu ventorum immotus, et ingens
  Ipse ; sed horrificis juxta tonat Ætna ruinis,
  Interdumque atram prorumpit ad æthera nubem,
  Turbine fumantem piceo, et candente favillâ,
  Attollitque globos flammarum, et sidera lambit :
  Interdum scopulos, avulsaque viscera montis
  Erigit eructans, liquefactaque saxa sub auras
  Cum gemitu glomerat, fundoque exæstuat imo.

rendre ῥόον καπνοῦ αἴθωνα par *atram nubem turbine piceo et favillâ fumantem*, accumule tous ces mots sans mesure et sans grâce ; *globos flammarum* est une traduction impropre et malheureuse de κρουνοὺς. *Sidera lambit* ne signifie rien ; c'est du remplissage. Jamais personne n'a signalé et il est presque impossible de comprendre en quoi consiste cette « nuée sombre, où se mêlent des tour- « billons de fumée noire et de flamme « blanche » ; ce qui est incandescent, *candens,* ne peut pas être noir et répandre de la fumée ; peut-être le poète a-t-il attaché à ce mot le sens inexact et vulgaire de chaleur, au lieu du véritable sens d'éclat lumineux. *Candens* vient, non pas de *calor,* mais de *candor,* blancheur éclatante. Pour ce qui est de ces quartiers de roche vomis et lancés, et qui, tout à la fois, se liquéfient, gémissent et s'agglomèrent dans les airs, Pindare n'en a rien dit, nul n'en a jamais entendu parler, et c'est assurément de tous les prodiges le plus prodigieux. »

Favorin, d'ailleurs, rendait au mérite du grand poète une entière justice. Il lisait un jour, avec Aulu-Gelle, des commentaires sur Virgile composés par Julius Hyginus, grammairien estimé [1].

A propos de deux vers des Géorgiques que, dans beaucoup d'exemplaires, on trouvait écrits de cette manière :

> At sapor indicium faciet manifestus, et ora
> Tristia tentatum sensu torquebit amaro [2],

Hygin affirmait que tel n'était pas le vrai texte, et que lui-même avait lu dans un

[1] Caius-Julius-Hyginus avait été esclave de Jules César. Auguste l'affranchit et lui confia l'administration de la bibliothèque Palatine. Il fut l'ami intime d'Ovide.

[2] *Géorgiques*, chant II. — Virgile y décrit les qualités que doit avoir le terrain pour être propre à la culture, et voici l'expérience qu'il conseille à ceux qui veulent apprécier la nature d'une terre : emplir de cette terre une corbeille d'osier, l'humecter avec de l'eau douce, et goûter ensuite l'eau qui filtrera lentement à travers la corbeille ; si cette eau est amère, le terrain est mauvais.

manuscrit ayant appartenu à la famille de Virgile :

..... Et ora
Tristia tentantum sensu torquebit AMAROR

Il y avait, du reste, suivant la remarque du commentateur, une raison pour donner à cette leçon la préférence sur l'autre. Pourquoi dire en effet : *sapor sensu amaro torquet,* la saveur fait contracter le visage par une sensation d'amertume? Puisque la saveur est une sensation, *sensus,* elle ne peut constituer une autre sensation qu'elle-même, et c'est alors comme si l'on disait : *sensus sensu amaro torquet,* la sensation fait contracter par une sensation d'amertume.

A ce passage d'Hygin, Favorin se mit à rire : « Je suis prêt, dit-il, à jurer par Jupiter Lapis, ce qui est le plus saint de tous les serments, que jamais Virgile n'a écrit *amaro,* et je n'hésite pas à croire qu'Hygin a dit vrai. » Et Favorin fait observer que le mot d'*amaror* a été d'abord employé par Lucain, auquel Virgile a souvent fait des emprunts.

Dans une autre occasion, Aulu-Gelle lisait, en compagnie de son maître, la *Nervolaria*, comédie attribuée à Plaute [1]. Comme il existe un certain nombre de pièces dont l'authenticité est douteuse, on se demandait quel était le moyen de reconnaître celles qui appartenaient véritablement à Plaute, et l'on était d'avis qu'il fallait, non pas se fier aux catalogues dressés par divers auteurs, mais plutôt examiner si, dans les comédies incertaines, on retrouvait le style, la verve, le génie de Plaute.

On rencontra dans la *Nervolaria* ce vers appliqué à des courtisanes :

Scrattæ, scrupedæ, strictivillæ, sordidæ [2].

Favorin, réjoui par l'expression comique de ces vieux mots qui dépeignent si bien le vice et la laideur, s'écria : « Par Hercule ! il suffit de ce seul vers pour dissiper tous les doutes sur l'authenticité de la pièce ; elle est certainement de Plaute. »

[1] *Nuits att.*, liv. III, ch. III.
[2] Méprisables coquines, éclopées, épileuses sordides.

Il goûtait non-seulement les poètes latins, mais aussi les prosateurs. Aulu-Gelle a transcrit dans son livre une page extraite des *Annales* de l'historien Claudius Quadrigarius [1]. C'est le récit du combat de Manlius contre un Gaulois que le Romain vainqueur dépouille de son collier, ce qui lui vaut le glorieux surnom de Torquatus. Notre philosophe, au témoignage de son disciple, déclarait que lorsqu'il lisait cette histoire, il éprouvait les mêmes émotions que s'il eût été spectateur du combat.

Une chose que l'on aura sans doute remarquée, c'est que dans toutes les occasions où Aulu-Gelle met en scène son illustre maître, celui-ci fait preuve d'une grande rectitude de sens. C'est une qualité qui mérite d'être louée, même chez un philosophe.

Il était alors fort à la mode, parmi les hommes qui avaient étudié le passé, d'en

[1] Liv. I, ch. x. — Quintus-Claudius-Quadrigarius, historien romain, vivait à la fin du premier siècle avant J.-C.

ressusciter la langue. L'archéologie, passion dominante des gens instruits, les poussait à remettre en honneur le vieux langage. C'étaient quelquefois les savants les plus distingués qui donnaient dans ce travers, et pour n'en citer qu'un exemple, Hérode Atticus, multipliant si volontiers les monuments commémoratifs, prenait plaisir à employer, pour les inscriptions qu'il y faisait graver, des formes archaïques [1]. Favorin ne partageait et n'approuvait pas cette manie. Il pensait que l'on devait être de son temps. Aulu-Gelle a conservé la semonce qu'il eut occasion d'adresser à un jeune homme qui, dans les conversations journalières, ne se servait que de mots

---

[1] Le musée du Louvre conserve deux inscriptions, dites *Triopiennes*, parce qu'Hérode Atticus les avait fait placer à l'entrée d'un domaine appelé *Triopium*, que sa femme Régilla possédait aux environs de Rome. Hérode Atticus s'est servi, pour ces deux inscriptions, de l'écriture et de l'orthographe usitées plusieurs siècles auparavant.

surannés et presque toujours incompréhen-
sibles [2].

« Curius, lui dit-il, Fabricius, Corunca-
nius, personnages des temps antiques, les
trois Horaces, bien plus anciens encore,
conversaient avec leurs contemporains en
termes clairs et intelligibles : ils parlaient
la langue de leur époque et non point celle
des Aurunces, des Sicanes et des Pélasges
qui furent, dit-on, les premiers habitants de
l'Italie. Mais toi, comme si tu discourais
avec la mère d'Évandre, tu emploies des
expressions tombées en désuétude depuis
des siècles. Tu veux apparemment que
personne ne comprenne ce que tu dis. Si
telle est ton intention, homme déraisonnable,
n'est-il pas plus simple de te taire ? Tu
prétends que l'antiquité te plaît parce qu'elle
fut probe, tempérante et sage ; adopte les
mœurs anciennes, mais sers-toi du langage
actuellement usité ; et grave en ta mémoire
le conseil donné par Caius César, génie

2 Liv. I, ch. X.

supérieur, esprit si juste, dans le premier livre de son traité sur l'*Analogie*: « Fuyez « les expressions étranges et qui n'ont pas « cours, avec autant de soin qu'un navire « évite un écueil. »

Nous avons à faire ici un rapprochement. Démonax, ce malicieux philosophe d'Athènes que nous avons vu se railler si volontiers de Favorin, ne souffre pas plus que lui les gens qui affectent en parlant de rechercher les formes vieillies. Il décoche une de ses épigrammes à un individu auquel il vient d'adresser une question et qui lui a répondu en langage archaïque: « C'est actuellement que je t'interroge, et tu me réponds comme si nous vivions sous Agamemnon [1]. »

Notre Rabelais, qui était d'avis, lui aussi, qu'il fallait parler comme tout le monde, a formellement invoqué dans *Pantagruel* l'autorité de Favorin [2].

_______

[1] Lucien, *Démonax*.

[2] Liv. II, ch. VI : « Comment Pantagruel rencontra un Limosin qui contrefaisoit le langaige françoys. »

Pantagruel, en se promenant avec ses amis, rencontre « un escholier tout joliet » et lui demande d'où il vient. A quoi celui-ci répond : « De l'alme, inclyte et célèbre académie que l'on vocite Lutèce. — Qu'est-ce à dire? dist Pantagruel à un de ses gens. — C'est (respondit-il) de Paris. — Tu viens doncques de Paris? dist-il. Et à quoy passez-vous le temps, vous aultres messieurs estudiens audict Paris? » Respondit l'escholier : « Nous transfretons la Sequane au diluscule et crépuscule : nous deambulons par les compites et quadriviers de l'urbe; nous despumons la verbocination latiale... » A quoy Pantagruel dist : « Que diable de langaige est cecy? Par Dieu! tu es quelque hérétique. » L'écolier s'en défend, mais à toutes les questions qui lui sont faites, il continue à répondre dans le même style. Pantagruel, impatienté, finit par comprendre qu'il est de Limoges. « J'entends bien, dist Pantagruel, tu es Lymosin pour tout potaige et tu veulx icy contrefaire le Parisian. Or vien çza que je te donne un tour de pigne. » Lors

le print à la gorge luy disant: « Tu escor-
ches le latin ; par sainct Jean ! je te feray
escorcher le renard, car je te escorcheray
tout vif. » Le malheureux écolier demande
grâce en se servant cette fois de l'idiome de
son pays. « A ceste heure parles-tu naturellement, » lui dit Pantagruel, et il le laisse
aller.

Et Rabelais termine ainsi l'histoire de ce
« Lymosin » bel-esprit. « Mais ce luy fut un
tel remord toute sa vie, et tant fut altéré
qu'il disoit souvent que Pantagruel le tenoit
à la gorge ; et après quelques années mourut
de la mort-Roland, ce faisant la vengeance
divine et nous démonstrant ce que dict le
philosophe [1] et Aule-Gelle, qu'il nous convient
parler selon le langaige usité, et comme
disoit Octavian Auguste [2], qu'il fault éviter
les motz espaves en pareille diligence que les
patrons des navires évitent les rochiers de
mer. »

[1] C'est Favorin que Rabelais désigne par ce titre.
[2] Rabelais attribue à Auguste la phrase de César citée
par Favorin.

Si Favorin n'aimait pas les gens qui dédaignaient le langage naturel, il ne détestait pas moins les bavards.

Aulu-Gelle écrit contre eux un chapitre entier [1] dans lequel il rapporte qu'il a entendu Favorin réciter ces vers d'Euripide : « Une bouche sans frein, une folie sans borne, ont une fin malheureuse. » Et le philosophe ajoutait que ces vers ne doivent pas seulement être appliqués à ceux qui tiennent des discours impies et criminels, mais surtout à ces hommes qui débitent continuellement des sottises, dont la langue intempérante, effrénée, ne s'arrêtant jamais, produit un insupportable débordement de paroles. « Espèce d'hommes que les Grecs appellent, d'un nom très expressif, κατάγλωσσοι (bavards, babillards). »

---

[1] Liv. I, ch. xv.

## XIII

Les Romains se servaient d'une expression particulière pour désigner le genre de beauté que l'on doit souhaiter chez une épouse.

Ils redoutaient, en épousant une femme très belle, d'être exposés au grave inconvénient de prendre une coquette. D'autre part, c'eût été tomber de Charybde en Scylla que d'aller, de gaîté de cœur, pour éviter ce péril, en choisir une laide. Le mieux, pensaient-ils, était de rechercher un extérieur qui tînt le milieu entre la beauté et la laideur; et cet état de sage et rassurante médiocrité, ils l'appelaient : beauté d'épouse, *uxoria forma.*

Ce mot, que sa piquante originalité a rendu célèbre, c'est Favorin qui l'avait trouvé [1].

---

[1] *Nuits attiques.* liv. V, ch. xi.

Voici à quelle occasion :

Le philosophe Bias, l'un des sept sages de la Grèce, — si connu pour s'être flatté, ne portant rien, de porter avec lui tout ce qu'il possédait, — avait été consulté par un jeune homme qui voulait savoir s'il devait se marier ou rester célibataire. Bias lui répondit : « La femme que tu prendras sera jolie ou laide. Si elle est jolie, tu n'en seras pas l'unique possesseur; si elle est laide, tu auras une furie. Ces deux alternatives ne valent pas mieux l'une que l'autre. Reste garçon [1]. »

« Notre Favorin, » dit Aulu-Gelle, devant lequel on rappelait l'argumentation de Bias, en contesta la justesse. Il faisait observer avec raison que cette proposition : « Tu prendras une femme jolie ou laide, » manque d'exactitude parce qu'elle est trop absolue. Le vieux philosophe n'avait en vue que les femmes remarquables par une excessive

---

[1] Le grave Bias se permet ici un jeu de mots. Si la femme est jolie, elle sera κοινή (partagée, commune); si elle est laide, ποινή (furie).

beauté ou par une extrême laideur. Mais entre ces deux états il y en a un troisième, qui est intermédiaire, et auquel Bias paraît n'avoir pas songé. Une femme qui n'est ni belle ni laide met son époux à l'abri des dangers dont celui-ci pourrait se croire menacé de la part d'une beauté de premier ordre, et d'un autre côté cette femme n'est pas exposée à l'aversion qu'inspire toujours une laideur repoussante. Ennius, dans sa tragédie de Ménalippe, disait Favorin, avait très élégamment appelé cet état neutre : *Stata forma,* beauté ordinaire ; et le philosophe assurait qu'avec un tel extérieur une femme ne serait ni infidèle, ni acariâtre ; ni κοινή, ni ποινή.

« Cette beauté tempérée et modeste, ajoute Aulu-Gelle, Favorin la nommait, non certes sans finesse, *uxoria.* Le même Ennius, dans sa tragédie, affirme que la plupart des femmes *statâ formâ* sont d'une pudeur irréprochable. »

Parmi les divers entretiens recueillis, on pourrait dire sténographiés, par l'auteur des

*Nuits attiques*, un des plus intéressants est sans contredit celui dans lequel notre philosophe, avec une grande hauteur de vues, en des termes empreints d'une vive éloquence, développa ses idées sur les devoirs de la maternité [1].

On lui annonce que la femme de l'un de ses disciples vient de donner le jour à un fils. Le père était un jeune homme de noble extraction, appartenant à une famille sénatoriale, ce qui ne l'empêchait pas d'être un des auditeurs les plus assidus et les plus zélés du philosophe. « Allons, dit celui-ci, faire une visite à l'accouchée et complimenter le père. » Les autres disciples de Favorin se mettent en devoir de l'accompagner et sont reçus avec lui dans la maison où il se rendait. Aulu-Gelle a relaté les moindres détails de cette visite. Le mari vient au-devant de son illustre maître. Celui-ci l'embrasse, le félicite, et après que

---

[1] Liv. XII, ch. i : *Dissertatio Favorini philosophi, quâ suasit nobili feminæ, ut liberos, quos peperisset, non nutricum adhibitarum, sed suo sibi lacte aleret.*

l'on s'est assis, ayant demandé si l'accouchement avait été long et laborieux, il apprend
que la jeune mère, fatiguée par les souffrances
et l'insomnie, est en ce moment endormie.
« Je ne mets pas en doute, dit-il, qu'elle
n'ait l'intention de nourrir son enfant de son
propre lait. » La mère de la jeune femme
était présente. Elle se récrie aussitôt. Après
tout ce que sa fille a souffert en accouchant,
il faut lui faire grâce des fatigues si pénibles
de l'allaitement et donner une nourrice à
l'enfant. « Je vous prie, madame, dit le
philosophe, de permettre qu'elle soit tout-à-
fait la mère de son fils. Voudrait-elle déso-
béir à la nature et n'être mère qu'à demi,
en se hâtant de repousser loin d'elle l'enfant
qu'elle vient de mettre au monde? Elle aurait
porté dans son sein et nourri du plus pur
de son sang un être sans nom qu'elle ne
voyait pas, et elle lui refuserait son lait,
maintenant qu'elle l'a vivant sous ses yeux,
maintenant qu'elle l'entend implorer le
secours de sa mère! Croyez-vous que la
nature ait donné des mamelles aux femmes

comme un vain ornement de leur poitrine et non point pour nourrir leurs enfants? On voit la plupart de celles que l'on nomme les merveilleuses (*prodigiosæ*), — vous autres assurément n'êtes pas de ce nombre, — s'efforcer de tarir chez elles, par une sorte de sacrilége, cette source de vie, nourricière du genre humain; elles craignent tant de voir leurs charmes s'altérer qu'elles bravent le danger auquel les expose cette suppression de leur lait. Elles sont aussi coupables en vérité que ces femmes qui cherchent par des moyens criminels à détruire, aussitôt conçu, le fruit de leurs entrailles, de peur que le fardeau de la gestation et le travail de l'enfantement ne déforment leur corps. C'est un acte odieux, exécrable, que de faire ainsi périr l'homme dans ses premiers commencements, tandis qu'il se façonne et s'anime entre les mains de la nature, cette habile artiste. Est-ce une chose bien moins condamnable que de priver l'enfant déjà formé, déjà venu au jour, déjà votre fils, d'un aliment fourni par un sang auquel il est accoutumé? Mais, me dira-t-on, pourvu qu'il soit nourri et qu'il vive, qu'importe de quel lait? Il faudrait, pour tenir un pareil langage, n'avoir aucune intelligence des lois de la nature, et dès lors rien n'empêcherait de soutenir qu'il importe peu dans quel corps et de quel sang l'homme aura été conçu et se sera développé. Le sang transformé en lait, et de rouge devenu blanc, n'est-il pas dans les mamelles ce qu'il était dans les flancs de la mère? N'est-ce point par une admirable disposition de la nature que ce même sang créateur, après avoir formé en entier dans le sein de la femme le corps de l'enfant, se porte, aux approches de la délivrance, vers la partie supérieure de la poitrine, pour continuer son œuvre féconde, et offrir au nouveau-né une nourriture qu'il connaît, à laquelle il est habitué? On a justement observé que si toute semence a la propriété de transmettre des ressemblances physiques ou morales, le lait a le même pouvoir. Et cette remarque a été faite non-seulement chez l'homme, mais aussi chez les animaux.

Si l'on nourrit des chevreaux avec du lait de brebis, ou des agneaux avec du lait de chèvre, la toison de ceux-ci sera plus rude, et le pelage de ceux-là plus doux. Les eaux et les terrains qui alimentent les végétaux ont bien plus d'influence sur leur développement que la semence même d'où ils sont sortis. Et vous verrez souvent dépérir un arbre plein de sève et de vigueur, parce qu'on l'aura transplanté dans un sol d'une qualité inférieure. Pourquoi donc, ô malheur! abâtardir par une nourriture dégénérée, par un lait étranger et mercenaire, cette noblesse native de l'enfant, dont le corps et l'âme étaient formés à l'origine d'éléments si purs? Qu'adviendra-t-il surtout si celle que vous prendrez pour nourrice est esclave ou de race servile, comme il arrive le plus souvent, si elle est perverse, difforme, impudique, adonnée à l'ivrognerie? Dans la plupart des cas, en effet, on emploie sans discernement la première femme venue qui ait du lait quand il le faut. Souffrirons-nous que cet enfant, qui est le nôtre, soit infecté d'une aussi pernicieuse contagion, qu'il s'inocule dans l'âme et dans le corps tout le venin d'un corps et d'une âme dépravés? Après cela, certes, il n'y a pas lieu de s'étonner, comme nous le faisons bien des fois, que les enfants de femmes pudiques ne leur ressemblent en aucune façon. Notre Virgile a imité, avec beaucoup d'art et d'à-propos, ces vers d'Homère :

« Non, assurément, tu n'as pas eu pour
« père l'habile cavalier Pélée, ni pour mère
« Thétis : c'est la mer glauque, ce sont
« d'âpres rochers qui t'ont donné le jour,
« puisque ton âme est fermée à la pitié. »

« Virgile ne parle pas seulement de la naissance comme l'avait fait son modèle; reprochant aussi à Énée d'avoir reçu la même nourriture que les bêtes féroces, il ajoute ce trait qui lui appartient en propre :

« Les tigresses d'Hyrcanie t'ont prêté
« leurs mamelles. »

« Pour former et développer le naturel d'un enfant, le caractère de la nourrice et les propriétés de son lait ont évidemment une importance capitale. Le lait, en effet, subordonné dès le principe à l'influence de l'individu qui a fécondé la femme, transmettra surtout au nouveau-né les qualités de celle-ci, bonnes ou mauvaises, physiques et morales. Et n'y a-t-il pas, outre tout cela, une considération dont il faut tenir grand compte? Les mères qui délaissent leurs enfants, les éloignent d'elles et les font nourrir par d'autres, brisent, ou du moins relâchent et affaiblissent ce lien d'étroite affection par lequel la nature unit les enfants aux parents. Aussitôt que l'enfant, livré à une nourrice, n'est plus sous les yeux de la mère, cette vive ardeur de l'amour maternel s'éteint peu à peu. Cette sollicitude, naguère si active, si impatiente, s'est calmée. Et bientôt l'enfant abandonné à une étrangère est oublié presque autant que s'il avait cessé de vivre. De son côté, l'enfant concentre toute sa tendresse sur celle-là seule qui le nourrit et il ne s'inquiète pas plus de sa véritable mère que ne le font ceux qui ont été exposés. Et par là s'évanouit tout sentiment de piété filiale ; et si plus tard des enfants élevés de cette façon semblent aimer leurs parents, cet amour n'a rien de sincère ; il est simulé par respect pour les conventions sociales. »

XIV

Cette raison si droite et si élevée qui inspirait notre philosophe ne se manifesta jamais avec plus d'éclat que le jour où il rompit en visière à des croyances universellement admises par ses contemporains. On peut dire qu'en cette occurence il se montra supérieur à son siècle, et c'est même pour nous un sujet d'étonnement qu'il ait fait preuve d'une sagesse aussi prématurée.

Le monde, en ce temps-là, était livré à toutes les superstitions. Les astrologues, que l'on appelait alors des Chaldéens, des généthliaques, des mathématiciens (*Chaldœi, genethliaci, mathematici*), jouissaient d'un très grand crédit. Les hommes les plus éclairés avaient foi en leur prétendue science. Tacite, ce ferme esprit, n'avait pas échappé à la crédulité générale. Combien de fois ne parle-t-il pas des Chaldéens d'une façon qui témoigne de sa confiance en leurs prédictions? « La science des Chaldéens, dit-il, que Tibère avait eu le loisir d'étudier à Rhodes, avec Thrasylle pour maître, lui permettait de lire dans l'avenir [1]. » Quand il raconte le départ du même Tibère pour Caprée, il ajoute: « D'habiles astrologues (*periti cælestium*) assuraient que l'empereur sortait de Rome en un temps où la position des astres lui interdisait à tout jamais d'y revenir [2]. » Il rapporte que la mère de Néron savait de quelle manière elle devait mourir. « Agrippine, plusieurs années auparavant, avait appris qu'elle périrait ainsi, mais elle n'en avait eu nul souci. Des Chaldéens, qu'elle avait consultés au sujet de son fils, lui ayant dit qu'il règnerait et qu'il tuerait sa mère:

[1] *Annales*, liv. VI, § xx.
[2] Liv. IV, § lviii.

« Qu'il me tue, répondit-elle, pourvu qu'il
« règne ! [1] » Le grave historien fait connaître
sans hésitation ce qu'il pense lui-même de
l'astrologie : « L'opinion du plus grand nombre des mortels est que l'instant de notre
naissance fixe nos destinées. Si l'événement
ne s'accorde pas toujours avec les prédictions, c'est par la fourberie des ignorants qui
se mêlent de prophétiser. Ils décréditent de
la sorte un art dont la vérité s'est manifestée
par des preuves éclatantes dans les siècles
précédents et aussi dans le nôtre [2]. »

Nous pourrions multiplier les exemples.
Disons seulement qu'au temps de Favorin
l'autorité de l'astrologie ne s'était pas affaiblie. Malgré toutes les lumières de sa
philosophie, l'empereur Hadrien y croyait
fermement. Un astrologue, rapporte Spartien,
lui avait prédit sous Domitien qu'il parvien-
drait un jour à l'empire. Déjà, semblable
prédiction avait été faite en sa faveur par

[1] Liv. XIV, § IX.
[2] Liv. VI, § XXII.

son grand-oncle Ælius Hadrianus, habile dans la science des astres [1]. Hadrien avait admis des astrologues dans son intimité, s'était fait initier à leur art, et se flattait d'y être devenu de première force. Son historien nous apprend que le soir du premier jour de l'an, il consignait par écrit tout ce qui devait lui arriver dans l'année; « de sorte que l'année même où il mourut, il avait écrit tout ce qu'il ferait jusqu'à l'heure où effectivement il rendit le dernier soupir [2]. »

Nous allons voir maintenant ce que pensait Favorin de l'astrologie et des astrologues [3].

« Cette science des Chaldéens, dit-il un jour à ses disciples, n'est pas d'une aussi haute antiquité qu'ils voudraient le faire croire et ne remonte pas jusqu'à ceux qu'ils en donnent comme les fondateurs. Ce sont des charlatans qui ont inventé ce système de fourberies et d'artifices, afin de gagner

---

[1] *Vie d'Hadrien*, II.

[2] *Ibid.*, XV.

[3] *Nuits attiques*, liv. XIV, ch. I : *Dissertatio Favorini philosophi adversus eos qui Chaldæi appellantur.*

leur vie et de battre monnaie avec leurs mensonges. Ils ont d'abord remarqué qu'il y a sur la terre certaines choses soumises à l'influence du ciel, l'Océan, par exemple, dont les mouvements semblent dépendre des phases de la lune; et ils se sont servis de ce phénomène comme d'un argument pour nous persuader que toutes les affaires humaines, grandes et petites, sont régies par les astres célestes. N'est-il pas souverainement ridicule, parce que les fluctuations de l'Océan correspondent avec les variations de la lune, de croire lié aux étoiles le sort d'un procès pendant devant le juge, au sujet d'une conduite d'eau ou d'un mur mitoyen? En admettant même que, par un effet de la volonté et de la puissance divine, les choses eussent été ainsi établies, l'extrême brièveté de la vie aurait-elle permis à l'esprit de l'homme, quelque vaste qu'il soit, de découvrir et de comprendre ces secrets rapports entre la terre et le ciel? A peine aurait-il pu hasarder quelques conjectures, toujours incertaines, vagues, arbitraires, ne s'appuyant sur aucun principe scientifique. Et d'ailleurs la principale différence entre les dieux et les hommes serait supprimée, si les hommes avaient le pouvoir de connaître l'avenir. »

« Si l'astrologie, ajoutait le philosophe, devait son origine aux observations des premiers Chaldéens, — lesquels, après avoir, au milieu de leurs vastes plaines, considéré le mouvement, le trajet, les écarts et les conjonctions des étoiles, auraient ensuite remarqué les événements qui avaient suivi; — on ne pouvait appliquer les règles ainsi découvertes qu'en se transportant sous les mêmes latitudes. Les observations faites par les Chaldéens perdent toute autorité si l'on veut s'en servir sous d'autres climats. L'influence des étoiles sur la température varie suivant les pays. Elles donnent tantôt du froid, tantôt de la chaleur; elles produisent ici le calme, là des orages. Pourquoi leur action sur les affaires humaines serait-elle toujours la même, chez les Chaldéens comme chez les Gétules, sur les bords du Danube comme sur ceux du Nil? Pourquoi, de quelque endroit de la terre qu'on les observàt, présageraient-elles les mêmes événements? »

Favorin se demandait si les planètes, ces étoiles errantes, découvertes, dit-on, par les Chaldéens, les Babyloniens et les Égyptiens, appelées par beaucoup de gens *erraticæ* et par Nigidius [1] *errones*, ne sont pas en plus grand nombre qu'on ne le croit communément. Il pensait, quant à lui, qu'il doit exister d'autres planètes qui ont échappé aux regards de l'homme, mais qui, possédant une égale influence sur les événements terrestres, rendent incomplète et incertaine, faute d'avoir été observées, la science astrologique. En outre, ce qui est sûr, c'est qu'il y a des astres visibles seulement pour les habitants de certaines parties de la terre, invisibles et entièrement inconnus au reste des hommes. Les Chaldéens n'ont donc pas pu comprendre toutes les étoiles dans leurs observations.

« Admettons néanmoins, disait-il, que l'on doive se contenter des étoiles étudiées

---

[1] Nigidius Figulus, grammairien, philosophe et astrologue, contemporain de Cicéron, dont il fut l'ami.

par les Chaldéens, et sous leur point de vue ;
quelles bornes faudra-t-il assigner à l'observation ? Quel espace de temps jugera-t-on
suffisant pour pouvoir déterminer avec précision ce que présageaient le parcours, les
révolutions et les conjonctions de ces étoiles ?
Les premiers astrologues ont sans doute
procédé ainsi : ils ont d'abord constaté
quelle était, lors de la naissance de tel
individu, la situation des étoiles. Ils ont
ensuite observé, depuis ce moment jusqu'à
la fin de sa vie, la fortune, les mœurs, le
caractère, les actions, les affaires de cet
individu. Ils ont pris note de toutes ces
observations, et ils ont conclu que l'homme
qui naîtrait longtemps après, lorsque les
mêmes étoiles se trouveraient dans une
position identique, serait soumis à la même
destinée. Mais combien faudrait-il d'années,
ou plutôt combien de siècles, pour qu'il fût
possible, par le retour des mêmes phénomènes, de contrôler la première observation ?
Tous les astrologues s'accordent à reconnaître qu'il faut un nombre incalculable d'années

pour que ces planètes, qui exercent une action fatidique, reviennent toutes ensemble à la position considérée à un certain moment comme point de départ : en sorte qu'après un tel laps de temps, il n'y a pas d'observations dont les livres aient pu conserver et transmettre le souvenir.

« Il y a bien autre chose à considérer. Ne devra-t-on pas tenir compte de l'état des constellations au moment où l'homme est conçu dans le sein de sa mère ? Lorsque, neuf mois après, il verra le jour, les constellations ne seront plus les mêmes. Comment concilier leurs pronostics, s'ils sont différents ? A l'époque où le mariage a uni l'homme et la femme, les astres n'ont-ils pas indiqué quels seraient le caractère et **la** destinée des enfants qui naîtraient de cette union ? Et, bien longtemps auparavant, lors de la naissance du père et de la mère, les étoiles ne marquaient-elles pas quelle serait leur descendance, et ainsi de suite en remontant indéfiniment ? En sorte que si l'astrologie est basée sur quelque fondement de vérité, il faut admettre que, depuis cent siècles, ou plutôt depuis le commencement même du monde jusqu'à maintenant, pour l'enfant né d'aujourd'hui, les astres n'ont pas cessé de présager son destin, toutes les fois qu'il naissait quelqu'un de ses auteurs. Et s'il en est ainsi, comment est-il possible de croire que telle disposition de chaque étoile ne serve qu'à régir le sort d'un seul homme, puisque la même disposition ne devant se représenter qu'après une longue suite de siècles, on voit à chaque génération, et par conséquent à de courts intervalles, se manifester indéfiniment les signes indicateurs de la destinée de cet homme, produits, toujours les mêmes, par des étoiles différentes? S'il est indispensable de consulter ces présages divers, depuis les temps les plus reculés, pour connaître le destin des hommes qui naîtront ultérieurement, cette diversité jette le trouble dans les observations et confond tous les calculs de la science. »

Favorin s'insurgeait contre cette prétention des astrologues, voulant attribuer à l'influence du ciel un empire absolu non-seulement sur les événements extérieurs et fortuits, mais aussi sur la pensée de l'homme, sur sa volonté, ses résolutions, ses désirs, ses aversions, et jusque sur ces élans imprévus et ces retours soudains pour des choses de la plus minime importance. « Ainsi, disait-il, vous avez voulu aller au bain, puis vous y avez renoncé, et de nouveau vous vous y êtes décidé. Ne croyez pas que ce soit le résultat d'un caprice ; c'est l'effet d'une action exercée par les planètes sur votre volonté. Les hommes ne sont donc plus, comme on le pensait, des animaux raisonnables (λογικά ζῶα) ; ils sont pareils à de ridicules marionnettes (νευρόσπαστα) puisqu'ils agissent non point spontanément, en vertu de leur libre arbitre, mais comme s'ils étaient attelés aux étoiles et conduits par elles. Si les astrologues, ainsi qu'ils l'affirment, ont pu prédire qui, du roi Pyrrhus ou de Manius Curius, remporterait la victoire, pourquoi n'osent-ils pas dire lequel des joueurs gagnera cette partie de dés, de dames ou d'échecs? Est-ce qu'ils savent les grandes choses et ignorent les petites? Les petites sont-elles plus difficiles à connaître que les grandes? S'ils prétendent que les choses importantes sont plus apparentes, plus faciles à découvrir, je veux qu'ils me disent si, en contemplant le spectacle du vaste univers et les œuvres admirables de la nature, ils trouvent quelque chose de grand dans les intérêts si mesquins et les destinées si courtes de l'homme?

« Je désire qu'ils répondent encore à cette question. Si l'instant qui décide du sort de l'homme à sa naissance est si court et si rapide que plusieurs ne peuvent voir le jour au même instant, sous le même point du ciel, avec les mêmes présages; si, pour cette raison, deux jumeaux ne sont pas prédestinés au même avenir puisqu'ils ne sont pas venus au monde dans le même instant, je demande aux astrologues comment ils feront pour calculer et déterminer cet instant qui s'envole avec tant de promptitude que la pensée peut à peine le concevoir. Ne reconnaissent-ils pas que, dans cette succession précipitée de jours et de nuits, les plus courts moments amènent souvent de grands changements? Enfin comment est-il possible d'expliquer que des individus de tout âge et de tout sexe, nés sous différentes situations sidérales, en des contrées très éloignées les unes des autres, périssent tous ensemble, en même temps et du même genre de mort, engloutis dans un abîme, écrasés sous les ruines d'un édifice, massacrés dans une place forte emportée d'assaut, entraînés dans le naufrage d'un vaisseau? Ce qui n'arriverait jamais si le moment de la naissance fixait pour chacun une destinée particulière. Diront-ils que les étoiles qui présidaient au destin de ces individus nés à des époques différentes, ont suivi le même parcours, et par là ont produit, pendant leur existence et pour leur genre de mort, des circonstances semblables? Mais alors pourquoi n'en résulterait-il pas une complète égalité en toutes choses? Pourquoi, par l'effet de cette concordance dans la marche des planètes, n'existerait-il pas simultanément plusieurs Socrates, plusieurs Aristons, plusieurs Platons, dont le naturel, l'extérieur, le génie, les mœurs, la vie entière et la mort seraient identiques? C'est une chose absolument impossible. Les astrologues ne peuvent donc pas trouver dans ce concours d'étoiles la cause qui fait que des hommes dont la naissance était différente périssent de la même manière. »

Le philosophe déclarait d'ailleurs qu'il consentait à faire grâce aux Chaldéens de cette autre question: « Si pour l'existence et pour la fin de l'homme, et de toute chose humaine, la cause, les circonstances et l'époque sont arrêtées dans le ciel, et consignées parmi les étoiles, que faut-il penser des mouches, des vermisseaux et des oursins qui vivent ou sur la terre ou dans la mer? Leur naissance et leur mort sont-elles régies par les mêmes lois que celles de l'homme? Les destinées des grenouilles et des moucherons dépendent aussi du mouvement des corps célestes, ou elles échappent à cette influence. Dans ce dernier cas, il serait impossible de comprendre pourquoi les constellations auraient une action sur les hommes, et n'en auraient pas sur les autres êtres. »

« Il nous avertissait, poursuit Aulu-Gelle en parlant de son maître, de bien nous tenir sur nos gardes et de ne pas laisser surprendre notre confiance par ces imposteurs, parce qu'ils auront semé quelque vérité au milieu de leurs mensonges. Ils expliquent des choses qui leur sont inconnues, qu'ils n'ont jamais comprises. S'efforçant de se diriger sur le terrain glissant et sombre de leurs conjectures, ils avancent avec précaution entre le vrai et le faux, semblables à des gens qui marchent dans les ténèbres; et, tantôt à force de tâtonnements, ils rencontrent la vérité, d'une façon inopinée et sans en avoir conscience; tantôt, aidés par l'excessive crédulité de ceux mêmes qui les consultent, ils parviennent adroitement à découvrir le vrai, et c'est pour cela qu'ils semblent s'en approcher davantage quand il s'agit du passé au lieu de l'avenir. D'ailleurs ces vérités, que le hasard ou leur astuce leur fait trouver, ne sont pas, en comparaison de leurs mensonges, dans la proportion de un à mille. »

Pour éloigner les jeunes gens de ces généthliaques et autres charlatans de même acabit, qui prétendent posséder l'art merveilleux de connaître l'avenir, et pour prouver qu'on ne doit jamais les consulter, Favorin concluait par cet argument : « Les astrologues prophétisent ou des biens ou des maux. S'ils vous ont prédit des maux qui ne vous sont pas venus, l'attente seule de ces maux vous aura rendu malheureux. Si leur funeste prédiction s'est vérifiée, vous aurez été doublement malheureux, et par l'attente, et par la réalisation de l'événement annoncé. S'ils vous ont promis le bonheur et qu'il vous arrive, votre âme, quand ce bonheur viendra, sera fatiguée par l'espérance, et la joie que vous goûterez sera pour vous comme un fruit défloré. Il ne faut donc jamais recourir à ces hommes qui se mêlent de prédire l'avenir. »

## X V

Favorin, par son savoir, son expérience et sa raison, inspirait tant de confiance à ses amis, qu'Aulu-Gelle, choisi par le préteur pour remplir l'office de juge [1], alla un jour

[1] On sait quelle était, à cette époque l'organisation judiciaire chez les Romains. Les procès, en matière civile, commençaient devant le préteur. Les parties comparaissaient d'abord devant ce magistrat, qui avait la *juris dictio*, c'est-à-dire la mission de se prononcer sur le droit. Le préteur n'examinait pas le point de fait ; il l'acceptait, hypothétiquement, tel que l'exposait le demandeur. Il se contentait de résoudre, d'une façon conditionnelle, la question de droit découlant de la question de fait ainsi posée, d'indiquer ce qu'il y aurait lieu de décider, dans le cas où la réalité du fait allégué serait ultérieurement établie.

Le préteur consignait cette solution dans un écrit appelé formule, et renvoyait les plaideurs devant un juge, *judex*, choisi par lui. La formule, mandement adressé au juge, se résumait en ceci : « *Judex esto...* Si tel fait est vrai, condamne ; sinon, absous. *Si paret, condemna ; si non paret, absolve.* »

Le procès entrait alors dans une seconde phase. Devant le préteur, les parties étaient *in jure ;* elles sont le consulter sur un cas qu'il trouvait très embarrassant [1].

Avec une conscience qui l'honore, Aulu-Gelle avait pris au sérieux ces fonctions nouvelles pour lui. Laissant là, nous dit-il, les fables des poètes et les déclamations des rhéteurs, il rassemble les divers ouvrages grecs et latins qui traitent des devoirs du juge. La loi Julia, les livres de Massurius Sabinus et d'autres jurisconsultes l'initièrent à ce qu'il avait besoin d'apprendre au sujet des délais à observer et des formalités de la procédure. Mais tout ce bagage ne lui fut d'aucun secours pour résoudre une difficulté qui le jetait dans une grande perplexité.

Voici quel était le procès qu'Aulu-Gelle avait à juger:

maintenant *in judicio*. — Le *judex*, véritable juré, étudiait le point de fait que lui soumettait la formule, et par sa décision il appliquait l'une des alternatives prévues dans la sentence du magistrat.

Ce sont ces fonctions de *judex* que le préteur vient de confier à Aulu-Gelle.

[1] *Nuits att.*, liv. XIV, ch. II : *Quemadmodum disseruit Favorinus, consultus à me, super officio judicis.*

Il s'agissait d'une somme d'argent prêtée, que le demandeur affirmait avoir comptée et délivrée au défendeur. Mais il n'établissait le prêt ni par titres ni par témoins, et il ne faisait valoir que de très faibles arguments. Pourtant on avait la certitude que ce demandeur était un très honnête homme, d'une bonne foi éprouvée, dont la vie entière avait été irréprochable: et même on citait de lui des traits nombreux et remarquables de probité et de sincérité. Le défendeur, au contraire, était un homme d'une détestable réputation, d'une conduite honteuse et déshonorante, maintes fois convaincu de mensonge, de fraude et de perfidie. Et cependant il ne cessait de crier avec ses défenseurs que le prêt devait être prouvé devant le juge, de la manière accoutumée, par l'inscription sur le registre du demandeur [1] ou sur ses livres de comptes, par la

---

[1] *Expensilatione*. — Tout citoyen romain tenait un registre, appelé *tabulæ* ou *codex expensi et accepti*, sur lequel il inscrivait ses opérations de chaque jour, recettes ou dépenses. Quand le propriétaire du registre

production d'un chirographe [1] ou de tablettes scellées, par des dépositions de témoins. Il ajoutait qu'aucune de ces preuves n'étant fournie, on devait le mettre hors de cause en condamnant son adversaire pour calomnie [2]; et qu'il ne fallait tenir nul compte de tout ce que l'on pouvait dire des antécédents de l'un et de l'autre, puisque le débat avait pour objet une réclamation pécuniaire devant un juge privé [3], et non point une question de mœurs devant les censeurs.

y faisait mention d'une somme par lui comptée à quelqu'un, cette énonciation avait pour effet de constituer débitrice de la somme la personne désignée. C'était là l'*expensilatio* : elle servait, non-seulement à la constatation, mais à la formation même du contrat, que les jurisconsultes nommaient contrat *litteris*, parce que l'écriture en était la *causa civilis*.

[1] *Chirographi exhibitione*. — Le *chirographum* était une reconnaissance, un billet que souscrivait le débiteur.

[2] Le mot de *calumnia* s'appliquait au fait de tout individu qui intentait ou qui soutenait un procès par esprit de chicane. Ce fait était puni.

[3] On appelait *judicium privatum*, par opposition aux *judicia publica*, le procès fait dans un intérêt privé, à la diligence de l'intéressé, qui seul pouvait agir : dans le *judicium publicum*, procès criminel, tout citoyen avait le droit de poursuite.

Le scrupuleux Aulu-Gelle avait appelé à son aide, comme assesseurs, plusieurs de ses amis, renommés au barreau pour leur expérience des affaires. Mais ceux-ci, attendus ailleurs pour d'autres procès, se montraient fort impatients. Ils prétendaient qu'il n'y avait pas lieu de siéger plus longtemps, et que l'on devait sans hésitation débouter le demandeur, puisqu'aucune preuve juridique n'établissait la réalité du prêt.

Mais l'honnêteté démontrée de l'un, la conduite si décriée de l'autre, mettaient Aulu-Gelle en grande considération. Il ne pouvait se décider à donner gain de cause à un défendeur si mal famé.

Pour dernière ressource, il va trouver Favorin. Il lui expose l'affaire dans tous ses détails, lui rapporte ce qui a été plaidé de part et d'autre, le prie d'indiquer une solution pour le cas présent, et lui demande en même temps quelles sont, d'une manière générale, les règles que doit observer un juge consciencieux.

Le philosophe loue d'abord les scrupules de son disciple :

« L'affaire sur laquelle tu délibères en ce moment, dit-il ensuite, peut paraître de médiocre importance. Mais si tu veux que je t'éclaire sur l'ensemble des devoirs du juge, ce n'est ni le lieu ni le temps. C'est là, en effet, un sujet hérissé de difficultés, à l'examen duquel il est nécessaire d'apporter une méticuleuse attention. Ainsi, et pour ne toucher qu'aux plus importantes de ces difficultés, la première question qui se présente est celle-ci :

« Le juge a d'avance connu la vérité au sujet du fait qui lui est soumis ; il l'a découverte, avec certitude, avant même l'introduction de l'instance et les plaidoiries, à l'occasion d'une autre affaire ou fortuitement ; et cependant les débats n'ont fourni aucune preuve. Doit-il juger d'après ce qu'il avait appris avant l'audience, ou seulement d'après ce qui est résulté du procès ?

« On s'est encore demandé ceci : après qu'une affaire a été plaidée, le juge aperçoit un moyen de la terminer à l'amiable ; convient-il qu'il se départe un moment de sa qualité de juge pour faire l'office d'ami commun et de conciliateur?

« Voici une question plus épineuse et plus controversée : lorsqu'une des parties néglige de se servir d'un argument ou de poser une question utile à sa cause, le juge peut-il, pendant les débats, le faire pour elle? C'est, dit-on, agir en défenseur plutôt qu'en juge.

« On est également en désaccord sur ce point : est-il permis au juge de faire des observations par lesquelles il manifestera son sentiment sur le litige qui se débat devant lui, de telle sorte que si les différents arguments produits de part et d'autre impressionnent diversement son esprit, il laissera percer tour à tour ces impressions contraires? Les juges qui ont la réputation d'être vifs et prompts sont d'avis que le meilleur moyen pour eux de rechercher la vérité, c'est de découvrir par de fréquentes interrogations leur propre pensée, afin de surprendre celle du plaideur. Mais ceux qui sont considérés comme plus calmes et plus graves soutiennent que le juge, pendant qu'il écoute les plaidoiries et avant le prononcé de sa décision, ne doit rien laisser paraître de l'effet produit sur lui par l'argumentation des deux adversaires. Sans quoi, disent-ils, s'il arrivait que son esprit eût des hésitations, le juge aurait l'air, dans le même procès et presque au même instant, de penser de deux façons opposées, et d'accepter à la fois le pour et le contre. »

Il est à regretter que notre philosophe se contente d'énumérer toutes ces difficultés, sans en donner la solution. Il eût été fort intéressant de connaître ses idées sur ces divers points. « Plus tard, ajoute-t-il, et lorsque nous en aurons le loisir, j'entreprendrai de te dire ce que je pense moi-même au sujet de tous les devoirs qu'imposent les fonctions judiciaires, et nous passerons en revue les préceptes formulés par Ælius Tubéron, dont j'ai lu tout récemment le traité sur l'office de juge. »

Cependant Favorin exprime son opinion relativement au cas spécial qu'Aulu-Gelle est venu lui soumettre. « Quant à l'action en remboursement dont tu es saisi, dit-il, je te conseille de suivre l'avis de Marcus Caton, qui fut un homme très sage. Il nous apprend, dans son plaidoyer pour Lucius Turius contre Cneius Gellius, qu'il était de règle chez les anciens, si la vérité ne pouvait être établie ni par titres, ni par témoins, que le juge recherchât lequel des deux plaideurs était le plus honnête. S'il y avait entre eux égalité en bien comme en mal, le juge devait alors croire de préférence le défendeur et lui donner gain de cause. Or, dans l'affaire qui t'embarrasse, les adversaires sont l'un d'une probité reconnue, l'autre d'une perversité manifeste. Il n'y a de témoins d'aucun côté. Va donc, admets l'affirmation du premier et condamne le défendeur. »

« Tel fut, dit Aulu-Gelle, le conseil, digne d'un philosophe, que me donna Favorin. Mais il me sembla que j'étais trop jeune et que je n'avais pas assez d'autorité pour prendre sur moi de prononcer une condamnation d'après les mœurs des parties, à défaut de preuves. Je ne pouvais, d'autre part, me résoudre à mettre le défendeur hors d'instance. Je déclarai donc que la cause n'était pas suffisamment éclaircie [1] et je fus ainsi délié de l'obligation de juger. »

Si c'était, suivant l'expression d'Aulu-Gelle, le conseil d'un philosophe qui lui fut donné par son maître, il faut bien reconnaître que ce n'était pas celui d'un juriste. Le juge doit toujours se déterminer d'après les règles positives du droit, et non point d'après les inspirations de l'équité, qui sont variables et sujettes à égarer la conscience. Or, une de ces règles impose au demandeur l'obligation de prouver que sa demande est fondée. Il ne peut la faire accueillir, s'il n'apporte aucune preuve. Dans l'espèce soumise au jugement d'Aulu-Gelle, si, faute de preuves, le demandeur succombait, victime d'une dénégation mensongère, il ne pouvait s'imputer qu'à lui-même d'avoir si mal placé sa confiance, en prêtant sans

---

[1] NON LIQUET, telle était la formule qui permettait au juge de se dessaisir.

précaution son argent à un homme de si mauvaise réputation. La véritable solution du procès était donc celle qu'indiquaient les amis d'Aulu-Gelle, appelés par lui pour l'assister.

Remarquons encore que la conduite de ce dernier, refusant de se prononcer sur le litige, constituerait pour nous une violation des règles juridiques. Il ne serait pas permis à un juge de se débarrasser d'un procès, sous prétexte qu'il ne saurait pas comment le résoudre. Ce serait aujourd'hui un déni de justice.

Mais tout en critiquant la décision conseillée par Favorin à son élève, nous devons admirer encore une fois cette ferveur pour la science qui lui avait fait apprendre même le droit romain. Nous l'avons entendu, dans sa dissertation sur le mot *penus*, citer un passage du jurisconsulte Scévola. Il vient de nous apprendre ici qu'il a lu tout récemment le traité de Tubéron sur les devoirs du juge. Nous allons le voir maintenant entamer une brillante discussion, sur la loi des Douze

Tables, avec un homme célèbre par sa profonde connaissance de la législation romaine, Sextus-Cæcilius-Africanus, que nous appelons Africain [1].

Le jurisconsulte se trouvait dans la cour du Palatin, attendant, avec divers personnages de distinction, le moment d'être admis à saluer l'empereur. Favorin l'aborde et engage une conversation avec lui. Ils se mettent à parler de la loi des Douze Tables. Africain, qui avait, dit Aulu-Gelle, étudié les lois d'un très grand nombre de peuples, affirmait que l'œuvre des décemvirs est remarquable par l'élégante et parfaite concision du style.

« Il en est ainsi, dit le philosophe, pour la plus grande partie, et je n'ai pas lu ces Douze Tables avec moins de plaisir que les

---

[1] *Nuits attiques*, liv. XX, ch, 1 : *Disceptatio Sexti Cæcilii jureconsulti et Favorini philosophi de legibus duodecim tabularum.* — Aulu-Gelle dit de ce jurisconsulte : « Sextus Cæcilius, in disciplinâ juris atque in legibus populi romani noscendis interpretandisque, scientiâ, usu auctoritateque illustri fuit. »

dix livres de Platon *sur les lois*. Mais il faut avouer aussi que les lois décemvirales contiennent des dispositions obscures, et quelquefois très sévères, ou, par un défaut contraire, beaucoup trop indulgentes, ou bien encore d'une application impossible.

— Les obscurités, répond le jurisconsulte, sont imputables, non point à une faute de ceux qui ont rédigé les lois, mais plutôt à l'ignorance de ceux qui ne parviennent pas à les comprendre. Il est vrai que ceux-ci ont une excuse : avec les siècles, la langue et les mœurs de nos ancêtres sont tombées dans l'oubli. Les Douze Tables ont été composées trois cents ans après la fondation de Rome, et depuis cette époque jusqu'à nos jours il ne s'est guère écoulé moins de sept cents ans. Mais en quoi consiste l'excès de sévérité que tu reproches à ces lois? Blâmerais-tu celle qui punit de mort le juge ou l'arbitre, convaincu d'avoir accepté de l'argent pour rendre sa décision de telle ou telle manière? Ou celle qui fait du voleur manifeste l'esclave de l'homme chez lequel il a commis le vol?

Ou celle qui donne le droit de tuer le voleur nocturne? Dis-moi donc, toi qui as un goût si vif pour l'étude de la sagesse, dis-moi, je te prie, si la perfidie du juge vendant sa conscience, l'intolérable audace du voleur manifeste ou l'insidieuse violence du voleur nocturne ne te paraissent pas mériter la peine capitale.

— Ne me demande pas ce que je pense, réplique Favorin. Tu sais qu'il est de règle, dans l'école à laquelle j'appartiens, d'examiner plutôt que de trancher. Mais j'invoquerai l'opinion d'un appréciateur qui n'est certes pas inconsidéré et dont tu ne dédaigneras pas l'autorité. Le peuple romain, tout en reconnaissant que de pareils crimes ne devaient pas rester impunis, a trouvé excessifs les châtiments édictés, et il a laissé tomber en désuétude toutes ces lois d'une dureté outrée. Il a condamné comme trop inhumaine la disposition qui défendait de fournir une litière à l'homme appelé devant le préteur, lorsque, affaibli par l'âge ou par la maladie, il était incapable de marcher, et qui ordonnait dans ce cas de l'enlever, de l'attacher sur une bête de somme, et de le transporter ainsi de sa maison au *Comitium*, comme un mort dont on célèbre les funérailles.

« J'ai dit aussi que certaines de ces lois m'ont paru beaucoup trop douces. La pénalité qui frappe l'injure ne te semble-t-elle pas trop faible? « Si quelqu'un fait injure à « autrui, dit la loi, la peine sera de vingt- « cinq as. » Quel est l'homme assez pauvre pour ne pas se payer à ce prix, quand il en aura envie, le plaisir d'injurier? Dans ses commentaires sur les Douze Tables, Labéon a critiqué cette loi sur l'injure et à ce sujet il a raconté l'histoire d'un certain Lucius Vératius, homme d'une rare méchanteté, qui s'amusait à souffleter tous les hommes libres qu'il rencontrait. Un esclave le suivait, portant une bourse pleine d'as; et dès qu'un passant avait reçu le soufflet de Vératius, celui-ci ordonnait à son esclave de lui compter les vingt-cinq as de la loi. Un tel fait détermina les préteurs à abandonner cette loi, et ils décidèrent qu'à l'avenir ils nommeraient des récupérateurs [1] pour évaluer les injures.

« Enfin j'ai prétendu qu'il y a, parmi ces lois, des dispositions inapplicables. Je citerai comme exemple la loi du talion, dont les termes, si ma mémoire me sert bien, sont les suivants : « Si un membre a été fracturé « sans qu'une transaction soit intervenue « ensuite, qu'il y ait talion. » Je ne veux rien dire de ce qu'il y a d'atroce dans cette vengeance légale. Mais je soutiens que l'exécution de la loi donnera lieu à des difficultés insolubles. Qu'arrivera-t-il, par exemple, dans le cas où l'auteur de la fracture n'aura été coupable que d'imprudence ou de maladresse? Celui qui voudra, usant de représailles, lui faire subir une fracture du même genre, ne pourra pas le frapper aussi par

[1] *Recuperatores*. — Les récupérateurs étaient chargés de remplir des fonctions analogues à celles du *judex*. En certains cas, et notamment dans les procès entre Romains et pérégrins, le préteur, au lieu d'un *judex*, nommait des *recuperatores*. Le juge procédait seul ; il y avait toujours plusieurs récupérateurs pour la même affaire.

simple maladresse, il agira volontairement, et dès lors, comme il ne saurait y avoir parité entre un coup fortuit et un coup prémédité, le talion ne pourra pas être exactement appliqué. Supposons maintenant une blessure faite intentionnellement : le coupable est obligé de recevoir la pareille. Mais il ne souffrira pas qu'on la lui fasse plus large ou plus profonde. De quelle balance ou de quelle mesure se servira-t-on pour assurer une parfaite égalité? Et si le coup rendu a produit une blessure plus grave, le patient aura le droit, en vertu du talion, de rétablir l'équilibre, en sorte que, le ridicule se mêlant à l'atroce, il naîtra par voie de réciprocité une suite indéfinie de talions.

« Quant à cette loi barbare qui permettait à plusieurs créanciers de couper et de partager le corps de leur débiteur commun, il me répugne même d'en parler. Quoi de plus sauvage, quoi de plus révoltant, que de découper en petits morceaux le corps d'un insolvable, comme on divise aujourd'hui ses biens pour les vendre en détail! »

Ici le jurisconsulte saute au cou de Favorin, l'embrasse avec effusion et lui dit :

« Tu es, à coup sûr, le seul homme de notre siècle qui connaisse aussi bien, non-seulement les choses de la Grèce, mais encore tout ce qui intéresse les Romains. Aucun philosophe n'a jamais fait, pour apprendre les principes de sa propre école, ce que toi-même as fait pour posséder à ce point nos lois décemvirales. Mais suspends un peu, je te prie, le cours de tes argumentations académiques, ne cède pas à ce penchant qui vous pousse à attaquer ou à défendre tout ce qu'il vous plaît, et consens à examiner plus attentivement les dispositions que tu as critiquées. »

Africain entreprend l'apologie de la loi des Douze Tables.

Il commence par faire observer d'une manière générale que pour apprécier le mérite d'une loi, il convient de se reporter à l'époque où elle a été édictée. Les lois doivent s'accommoder aux circonstances. Il faut juger de leur opportunité d'après les mœurs du temps, l'état des affaires publiques, les intérêts du moment, l'intensité du mal auquel il importait de remédier.

Puis, entrant dans les détails, il demande à son interlocuteur comment il a pu taxer de cruauté une des dispositions les plus humaines de cette loi, celle qui ordonnait de fournir un *jumentum* au malade ou au vieillard appelé devant le magistrat. D'abord, pour les législateurs, il ne s'agissait ici que d'une maladie légère. Quand ils ont voulu parler d'une maladie grave, avec fièvre et frisson, dont l'issue peut être funeste, ils ont écrit *morbus sonticus*, et non point *morbus* tout court. En second lieu, le mot *jumentum* n'avait pas alors le sens restreint qui lui est resté. Ce mot, dérivé de *jungere*, signifiait autrefois un chariot traîné par deux bêtes attelées. *Arcera* désignait une voiture pareille à un grand coffre (*arca*), couverte, fermée, tapissée d'étoffe, et dans laquelle on se faisait porter étendu lorsqu'on était très vieux ou gravement malade. Les décemvirs trouvèrent juste de donner un chariot à l'indigent cité en justice, si un mal aux pieds ou tout autre accident l'empêchait de marcher ; mais ils jugèrent aussi que cela suffisait, et qu'il était inutile de lui procurer les commodités d'une voiture rembourrée.

Quant aux injures, le jurisconsulte soutient qu'elles n'étaient pas toutes punies par la simple amende de vingt-cinq as, somme qui d'ailleurs était plus forte qu'il ne paraît, car un as représentait alors la valeur d'une livre d'airain. Les injures plus graves, telles que la fracture d'un os, faites non-seulement aux hommes libres, mais encore aux esclaves, étaient frappées d'une peine plus forte. Quelquefois même on appliquait le talion. Et à ce sujet, Africain essaie de justifier ce genre de châtiment. Il reconnaît avec Favorin qu'il est bien difficile de rendre une blessure identique à celle que l'on a reçue. Mais en établissant cette loi, les décemvirs pensèrent que la peur du talion préviendrait ou rendrait moins fréquentes les violences et les voies de fait. Ils estimèrent, du reste, que l'homme qui, après avoir rompu un membre à quelqu'un, refusait d'entrer en composition avec sa victime et de se racheter à prix d'argent, ne méritait pas tant d'égards qu'il fallût considérer s'il avait agi avec intention ou non, et lui mesurer le talion à la ligne ou le lui peser à la balance. On ne subissait donc cette peine que lorsqu'on l'avait, en quelque sorte, choisie. Encore se résolvait-elle presque toujours en une somme d'argent, car si le coupable ne voulait ni transiger, ni se soumettre au talion, on le ramenait devant le juge qui faisait l'évaluation du préjudice et fixait d'office le montant de l'indemnité pécuniaire à payer.

Enfin Sextus Cæcilius aborde résolument la disposition des Douze Tables qui permettait de couper en morceaux le débiteur insolvable.

« C'est, dit-il, en pratiquant tous les genres de vertu que le peuple romain s'est élevé à un si haut degré de gloire. Mais parmi toutes les vertus, il honora d'un culte particulier la bonne foi, qu'il considéra toujours comme sacrée tant dans la vie privée que dans les affaires publiques. Ainsi, pour ne la point violer, il n'hésita pas à livrer à l'ennemi ses plus illustres consuls.....

« Nos ancêtres ont voulu assurer le respect de la foi promise, non-seulement dans l'ordre des devoirs, mais aussi dans les relations d'affaires et principalement dans l'usage du prêt d'argent. Chacun est exposé, dans le cours de la vie ordinaire, à passer par des moments de gêne. Les législateurs pensèrent que cette pauvreté temporaire perdrait la précieuse ressource du prêt, s'il était permis à la perfidie de l'emprunteur de se jouer impunément de la confiance du créancier. On accordait au débiteur condamné trente jours pour se procurer de l'argent et s'acquitter. Le délai expiré, on l'adjugeait à celui qui avait obtenu condamnation contre lui, et il était lié avec une courroie ou avec des entraves. A défaut d'un arrangement amiable, toujours possible, le condamné restait dans les fers l'espace de soixante jours. Dans cet intervalle, et pendant trois jours de marché consécutifs, on le conduisait devant le préteur au *Comitium*, et chaque fois on publiait à haute voix quel était le montant de la condamnation prononcée. Le troisième jour le débiteur pouvait être mis à mort, ou vendu à l'étranger, au-delà du Tibre.

« Or cette peine capitale, devant avoir pour effet de servir de sanction à la bonne foi, les décemvirs voulurent en faire un objet d'horreur et d'épouvante. Si la condamnation était intervenue au profit de plusieurs créanciers, il fut permis à ceux-ci de couper en morceaux et de se partager le corps du débiteur. Je citerai même les termes de la loi, pour que tu ne croies pas que je recule devant ce qu'ils ont d'odieux: « Le troisième « jour de marché, qu'on le coupe en mor- « ceaux; si l'on coupe plus ou moins, il n'y « aura pas fraude. » Rien, assurément, n'est plus atroce, rien n'est plus barbare. Mais n'est-il pas évident que l'on a environné la peine de cet appareil d'atrocité, pour n'avoir jamais besoin d'y recourir? Nous voyons aujourd'hui un grand nombre de

débiteurs adjugés à leurs créanciers et
chargés de chaînes. Pourquoi? Parce que
les hommes pervers se moquent de cette
simple privation de liberté. Mais je n'ai
jamais lu nulle part ni entendu dire que
dans l'antiquité aucun homme ait été dépecé :
personne n'osa braver cette effroyable pénalité. Crois-tu, mon cher Favorin, que si la
loi sur le faux témoignage n'était pas tombée
en désuétude; que si l'on précipitait encore
de la roche Tarpéienne, comme les Douze
Tables le prescrivaient, l'homme convaincu
de faux témoignage, crois-tu que nous ver-
rions aujourd'hui tant de faux témoins? Une
grande sévérité dans la répression oblige les
gens à se bien conduire. Nous connaissons
tous l'histoire de l'Albain Metius Suffetius,
coupable d'avoir violé perfidement le traité
conclu avec le roi des Romains, et pour ce
fait condamné à être lié à deux chars qui
partirent en sens opposé et l'écartelèrent.
Supplice inouï, supplice affreux! Qui le nie?
Mais écoute ce que dit le plus élégant des
poètes :

« Tu devais, Albain, tenir ta parole. »

On voit que le jurisconsulte Sextus-Cæcilius-Africanus ne fut pas le précurseur de Beccaria. Aulu-Gelle dit que sa dissertation lui valut l'approbation et les éloges de tous les assistants et de Favorin lui-même. Mais César fit annoncer qu'il était prêt à recevoir, et l'on se sépara.

Malgré son goût pour l'étude de la jurisprudence et son amitié pour le jurisconsulte Africain, Favorin, — il faut en convenir, — n'aimait guère les avocats. Son opinion à leur égard est curieuse à connaître.

Voici à quel propos il l'exprima.

Aulu-Gelle mentionne et commente une des lois de Solon, conservée par Aristote [1].

Cette loi était ainsi conçue :

« Si par l'effet de dissensions intestines, le peuple se soulève et se divise en deux factions; si l'irritation devient telle que l'on prenne les armes et que l'on en vienne à

_______

[1] *Nuits att.*, liv. II, ch. XII.

combattre ; le citoyen qui, au milieu de cette
discorde civile, ne se joindra pas à l'un des
deux partis, mais, au contraire, se tiendra à
l'écart et restera étranger à la lutte, sera
dépouillé de ses biens, chassé de sa maison
et banni de sa patrie. »

Au premier abord, Aulu-Gelle trouvait
surprenante une telle disposition. Il ne
saisissait pas pour quelle raison un législateur d'une si rare sagesse frappait d'un
châtiment sévère l'homme qui n'avait pas
voulu se mêler à la guerre civile. Des gens
instruits, ayant longtemps médité sur l'esprit
de cette loi, lui expliquèrent alors que Solon,
loin de vouloir aggraver les séditions populaires, s'était proposé par là de les éteindre.
En effet, si les bons citoyens, — dont les
efforts, au début, ont été impuissants à
empêcher le soulèvement du peuple surexcité,
— entrent dans l'un ou l'autre camp, ce sera
pour y travailler au rétablissement de la
concorde. Et les deux factions subiront peu
à peu l'influence de ces hommes modérés,

qui emploieront toute leur autorité à calmer les exaltés du parti qu'ils auront embrassé, et à sauver plutôt qu'à perdre ceux du parti contraire.

Favorin approuvait fort la loi de Solon, et pensait qu'il aurait fallu en étendre l'application aux dissentiments qui surgissent entre des frères ou des amis.

Après, disait-il, que des hommes animés de bonnes intentions, ayant observé la neutralité à l'égard des deux dissidents, ont échoué dans leurs tentatives pour opérer un rapprochement, peut-être parce qu'ils ont été regardés comme des amis douteux ; leur devoir serait alors de prendre parti pour l'un ou pour l'autre : de cette façon ils trouveraient sûrement le moyen d'amener une réconciliation.

« Mais, ajoutait le philosophe, aujourd'hui la plupart des amis de l'une et de l'autre partie, persuadés qu'il n'y a rien de mieux à faire, abandonnent les deux adversaires, et les livrent à des avocats malveillants ou

cupides, qui attisent les colères et enveni-
ment les procès, par amour ou de la discorde
ou du lucre [1]. »


## XVI


Dans son désir d'apprendre tout ce qu'il
était alors possible de savoir, Favorin, que
rien ne rebutait, avait étudié même les
sciences médicales [2].

Il allait une fois visiter un malade. Aulu-
Gelle, son fidèle disciple, l'accompagne

[1] « ... deduntque eos advocatis malevolis aut avaris,
qui lites animasque eorum inflamment, aut odii studio,
aut lucri. »

[2] La dédicace à Favorin du traité sur la cause du
froid, de Plutarque, prouve que notre philosophe s'était
aussi adonné aux sciences physiques et y avait acquis
une autorité spéciale. Plutarque, en effet, lui donne en
termes flatteurs, comme nous l'avons vu, le droit de se
prononcer sur les diverses hypothèses qu'il lui soumet.

La dissertation contre les Chaldéens, et principalement celle sur les vents, montrent que Favorin avait
étudié l'astronomie.

comme toujours [1]. Le philosophe engage avec les médecins qui se trouvaient là une longue conversation sur l'état du malade. Celui-ci, en temps ordinaire, était grand mangeur; mais il avait perdu l'appétit. Favorin se met à disserter en grec sur la cause qui produit la faim, et à ce sujet il expose, en l'approuvant, la théorie d'Érasistrate, petit-fils d'Aristote, devenu célèbre dans l'art de guérir. Il avait dû faire des œuvres de ce médecin une étude approfondie, car non-seulement il reproduit ses opinions, mais il rappelle même les faits invoqués par lui à l'appui de sa thèse. Ainsi, d'après Érasistrate, les Scythes, pour résister plus longtemps au besoin de manger, avaient l'habitude de se serrer le ventre avec des ceintures; ils se flattaient d'échapper, par cette compression, aux exigences de la faim.

L'auteur des *Nuits attiques* ajoute que Favorin poursuivit l'entretien et donna encore sur cette matière un grand nombre

[1] Liv. XVI, ch. III.

de détails, s'exprimant toujours avec beaucoup de grâce, *affabilissimè*.

Aulu-Gelle eut plus tard la curiosité de consulter lui-même l'ouvrage d'Érasistrate. Il trouva dans le premier livre de ses *Diérèses* le passage que son maître avait cité.

Dans une autre occasion, la lecture de Salluste fit naître une curieuse question littéraire, qui touchait à l'hygiène [1].

On se promenait, vers la fin de l'hiver, sur une place située au-devant des bains de Sitius: on y prenait le soleil. Favorin aperçoit dans les mains d'un de ses amis le *Catilina* de Salluste. Il témoigne aussitôt le désir d'en entendre lire quelques pages. On rencontre l'endroit où l'historien parle de l'avarice :

« L'avarice, dit-il, a pour l'argent une ardente convoitise que le sage n'éprouve pas. Cette passion, comme si elle distillait de pernicieux venins, énerve le corps et l'âme la plus virile; toujours inassouvie, elle est

[1] Liv. III, ch. I.

insatiable; elle ne se calme ni par l'abondance, ni par la disette. »

Favorin s'adressant alors à Aulu-Gelle : « De quelle façon, lui demande-t-il, l'avarice peut-elle énerver le corps? Qu'elle produise cet effet, comme le dit Salluste, sur l'âme la plus virile, je le conçois parfaitement. Mais je ne puis pas comprendre comment elle énerve aussi le corps de l'homme.

— Je me suis moi-même, répond Aulu-Gelle, bien souvent posé cette question, et si vous ne m'eussiez prévenu, j'aurais été le premier à vous en demander la solution. »

Un des disciples de Favorin, qui paraissait fort expérimenté en matière littéraire, prend à son tour la parole :

« J'ai, dit-il, entendu soutenir par Valérius Probus [1] qu'en cette occasion Salluste s'était servi d'une circonlocution poétique. L'historien voulait dire que l'avarice déprave l'homme: au lieu d'employer ce dernier

---

[1] Grammairien du temps, auteur d'un commentaire sur Virgile cité par Servius.

mot, il a mieux aimé parler de l'âme et du corps, qui sont les deux parties dont l'homme est composé.

— Notre ami Probus, dit Favorin, n'a jamais pu, à mon avis, recourir à cette inadmissible et téméraire subtilité. Il n'aurait jamais osé soutenir que Salluste, qui vise toujours à la concision, a fait usage ici d'une périphrase de poète. »

Il y avait parmi les promeneurs un homme fort érudit, *sanè doctus*. Favorin lui demande son opinion sur la difficulté. Voici sa réponse :

« Les gens que l'avarice consume se livrent tout entiers à la passion d'amasser de l'or. Ils se laissent tellement absorber par cette occupation, qu'ils négligent les travaux et les exercices propres à entretenir leurs forces. La plupart du temps enfermés chez eux, appliqués à leur trafic, ils mènent une vie sédentaire, en sorte que toute leur vigueur s'affaiblit et, comme dit Salluste, s'énerve. »

Favorin fait lire une seconde fois le passage de Salluste. La lecture achevée :

« D'où vient, dit-il au même personnage, que l'on trouve beaucoup d'individus très avides d'argent, qui jouissent néanmoins d'une constitution robuste et vigoureuse?

— Cette observation, répond l'interlocuteur, est parfaitement juste. Mais lorsqu'on voit un avare conserver une santé florissante, il faut nécessairement admettre qu'il prend soin de son corps et ne néglige pas les exercices salutaires. Si l'avarice, poussée à l'extrême, s'empare de toutes les facultés d'un homme et va jusqu'à lui faire oublier sa personne, jusqu'à lui faire abandonner les soins les plus nécessaires, on peut dire avec raison que cet homme-là, qui n'a souci de rien si ce n'est de l'argent, a l'âme et le corps énervés.

— Votre avis, dit Favorin, est soutenable. Mais on peut penser aussi que Salluste, par haine de l'avarice, a voulu en exagérer les effets. »

Un important problème de physiologie préoccupait, en ce temps-là, même les lettrés : quelle était chez la femme la durée de la gestation ?

Aulu-Gelle, esprit curieux, consacre à l'examen de cette question un chapitre de ses *Nuits* [1].

L'opinion la plus généralement accréditée était celle-ci : l'accouchement se produit rarement dans le septième mois ; il ne s'opère jamais dans le huitième ; il arrive souvent dans le neuvième, plus souvent encore dans le dixième ; la fin du dixième mois est le terme le plus éloigné que la grossesse puisse atteindre.

Suivant son usage, Aulu-Gelle fait suivre cette thèse de nombreuses citations, plutôt littéraires que scientifiques. Il invoque l'autorité de Plaute, de Ménandre, du poète comique Cécilius, de Varron.

Il se demande cependant s'il est bien vrai que la gestation ne puisse pas se prolonger

---

[1] Liv. III, ch. XVI.

au-delà de dix mois ; et il rapporte à ce sujet un fait arrivé à Rome :

Une femme de mœurs irréprochables, dont la vertu ne pouvait pas être suspectée, accoucha dans le onzième mois qui suivit le décès de son mari. Elle eut un procès à soutenir. On lui opposait la loi des décemvirs fixant comme terme de la grossesse le dixième, et non pas le onzième mois, et l'on prétendait que son enfant avait dû être conçu après la mort du mari. Mais l'empereur Hadrien, devant qui l'affaire fut portée, déclara possible l'accouchement dans le onzième mois. « J'ai lu, dit Aulu-Gelle, le décret même dans lequel Hadrien motivait sa décision sur les avis exprimés par des philosophes et des médecins anciens. »

A l'appui de cette théorie, Aulu-Gelle cite des vers d'Homère. Neptune, dans l'*Odyssée* [1], dit à une jeune fille qu'il vient de séduire :

---

[1] Chant XI.

« Femme, réjouis-toi de mon amour; quand l'année achèvera son cours (περιπλο-μένου δ'ἐνιαυτοῦ), tu donneras le jour à deux illustres rejetons; car les embrassements des Immortels sont toujours féconds. »

Neptune semble dans ces vers annoncer à la jeune fille qu'elle demeurera enceinte pendant un an. Aulu-Gelle trouve qu'une telle grossesse, même prophétisée par un dieu, excède un peu trop le terme ordinaire. L'année dont parle Homère l'embarrasse fort. Il soumet la difficulté à plusieurs grammairiens. Les uns lui répondent qu'au temps d'Homère, comme à l'époque de Romulus, l'année avait seulement dix mois, au lieu de douze. Les autres soutiennent qu'il convenait à la majesté du dieu Neptune qu'un enfant issu de lui séjournât dans le sein de la mère plus longtemps que les fils des simples mortels.

Aulu-Gelle, qui ne se contente pas de pareilles « balivernes, » s'adresse à Favorin. Celui-ci donne la véritable solution. Il lui explique que les mots περιπλομένου ἐνιαυτοῦ ne doivent pas être traduits en latin par *anno confecto,* année révolue, accomplie : ils ont le sens de *anno affecto,* année à son déclin, année qui s'approche de sa fin.


## XVII


Nous venons de passer en revue la plupart des chapitres consacrés par Aulu-Gelle au souvenir de son ancien maître. Il nous a montré le philosophe arlésien sous des aspects très variés. Mais, ainsi que nous le faisions remarquer au début même de cette étude, quand il le met en scène et le fait parler, il ne cite pas textuellement ses paroles. Favorin, nous le savons, se servait presque toujours de la langue grecque. Après avoir assisté à un entretien ou à une discussion qui l'a frappé, le disciple rentre chez lui, rédige et traduit en latin ce qu'il vient d'entendre avec un si vif intérêt. Il y aurait injustice à révoquer en doute sa fidélité de rapporteur et de traducteur. Assurément il reproduit avec une grande exactitude les opinions formulées par le philosophe, et jusqu'à un certain point les allures de son éloquence. Il nous est toutefois permis de regretter qu'Aulu-Gelle n'ait pas écrit plus souvent sous la dictée même du maître.

Les *Nuits attiques* ne contiennent que quatre fragments qui soient textuels. Ces fragments, tous grecs, sont d'ailleurs très courts.

C'est d'abord un trait de la vie de Socrate que rapporte Favorin [1]. Socrate avait une singulière habitude. Soit qu'il se laissât absorber par ses pensées, soit qu'il voulût soumettre son corps à une pénible épreuve, il restait debout, pendant des journées entières, dans la plus complète immobilité. « Souvent, dit Favorin, il se tenait debout, d'un soleil à l'autre, plus droit qu'un tronc d'arbre. »

Aulu-Gelle, dans un autre passage [2], raconte qu'un philosophe pythagoricien,

[1] Liv. II, ch. i.
[2] Liv. X, ch. xii.

Archytas de Tarente, mécanicien fort habile,
parvint à faire voler une colombe de bois
qu'il avait fabriquée. Le fait, en vérité, lui
paraît bien extraordinaire, pour ne pas dire
incroyable. Mais il est attesté par les auteurs
grecs les plus célèbres, et par « le philosophe Favorin, qui s'est livré à tant de
recherches sur les choses de l'antiquité [1]. »
Il tient à citer les propres expressions de
celui-ci: « Archytas de Tarente, tout à la
fois philosophe et mécanicien, construisit
une colombe de bois qui volait; lorsqu'elle
s'était posée, elle ne s'élevait plus. »

Voici maintenant un problème de morale
qu'il faut résoudre. La question est délicate:
peut-on commettre une faute dans l'intérêt
d'un ami? [2].

Le Lacédémonien Chilon, l'un des sept
sages de la Grèce, arrivé au terme de sa
vie, fait, devant les amis qui l'entouraient,
son examen de conscience. Il se flatte de

---

[1] Memoriarum veterum exsequentissimus.
[2] Liv. I, ch. III.

n'avoir, pendant le cours de sa longue carrière, proféré aucune parole, commis aucune action dont il ait à se repentir. Il se souvient seulement d'une circonstance dans laquelle il ignore s'il a bien ou mal agi. Il devait, avec deux autres juges, siéger dans une affaire où il s'agissait d'une accusation capitale portée contre un de ses amis. La loi était précise, il fallait condamner le coupable. Perdre un ami, ou violer la loi, telle était donc l'alternative. Après avoir longtemps médité, Chilon s'arrêta à cet expédient : il décida qu'il voterait, lui, pour la condamnation, mais en même temps il détermina ses deux collègues à prononcer l'acquittement. Il concilia de cette manière les devoirs du juge avec ceux de l'ami. Mais aujourd'hui Chilon a des scrupules : il lui semble qu'il s'est conduit avec déloyauté, en conseillant à d'autres, au même moment et pour le même objet, le contraire de ce qu'il jugeait convenable de faire lui-même.

Aulu-Gelle examine la question. Il rappelle qu'elle a été traitée par le philosophe péripatéticien Théophraste, dans son livre *sur l'amitié,* que Cicéron a certainement connu lorsqu'il a écrit sur le même sujet. Cicéron, après Théophraste, pense que si des amis ont besoin d'être secourus pour des choses qui ne seront pas absolument conformes à la justice, mais où il s'agira de leur honneur et de leur vie, il sera permis de dévier un peu du droit chemin, à condition qu'en le faisant on ne s'exposera pas à la suprême honte.

Favorin était du même avis que Cicéron. Il admettait que dans certaines conjonctures on peut faire pencher la balance en faveur d'un ami. « Ce que les hommes appellent bienveillance, disait-il, n'est pas autre chose qu'un tempérament apporté à la rigueur des principes, lorsque les circonstances l'exigent. »

Aulu-Gelle nous raconte qu'un jour son maître obtint à Rome un très grand succès en dissertant sur les effets de la richesse [1].

---

[1] Liv. IX, ch. VIII : *Necessum esse, qui multa habeat, multis indigere ; deque eâ re Favorini philosophi cum brevitate eleganti sententia.*

Il soutenait cette thèse : que l'abondance fait toujours naître chez l'homme de nouveaux besoins; que plus on est riche, plus on voudrait le devenir; et que le meilleur moyen de n'être pas assailli par d'incessants désirs, c'est d'amoindrir sa fortune, et non de l'accroître. Le tour que Favorin sut donner à l'expression de cette idée excita chez ses auditeurs une très vive admiration, qui se manifesta par des applaudissements redoublés [1]. « Lorsqu'un homme, dit-il, éprouve le besoin de posséder quinze mille chlamydes, il n'y a pas de raison pour qu'il ne désire pas en avoir davantage ; s'il m'arrive de convoiter plus de choses que je n'en ai, je dois retrancher une partie de ce que je possède, et le reste alors me suffira. »

Cette dissertation de Favorin, accueillie par de si grands applaudissements, n'était pas improvisée. Elle figurait parmi ses écrits. Le recueil de Stobée nous en a transmis un extrait qui contient quelques lignes de plus

[1] Inter ingentes omnium clamores.

que le passage cité par Aulu-Gelle. Le compilateur a inséré ce fragment dans un chapitre intitulé Περὶ ψόγου τῆς τυραννίδος, où il a réuni divers textes contre la tyrannie. « Je veux, dit notre philosophe, indiquer certains plaisirs à un tyran. Si tu désires, ô Denys, partager le même plaisir que les autres hommes, laisse venir la faim, et tu seras heureux de manger; la soif, et tu boiras avec délices. Mais si tu veux goûter une volupté ineffable, et telle que personne avant toi n'en aura éprouvé de pareille, abdique la tyrannie. » La phrase transcrite par Aulu-Gelle suit immédiatement.

Bien que Stobée n'ait pas emprunté beaucoup aux œuvres de Favorin, c'est lui cependant qui nous a conservé la majeure part des fragments originaux que nous possédons.

Jean Stobée, ainsi nommé, selon toute vraisemblance, parce qu'il était de Stobi, ville de la Macédoine, vécut au IVe siècle de notre ère. Il assembla, pour l'instruction de son fils Épimius, une volumineuse collection d'extraits détachés des ouvrages d'un très grand nombre d'auteurs grecs, prosateurs ou poètes, et relatifs à la philosophie, à la morale, à l'histoire, à la physique. Cette vaste compilation serait aujourd'hui à peu près dépourvue d'intérêt, si tous les livres dont elle contenait des passages nous étaient parvenus. Elle est précieuse, justement parce qu'elle nous a conservé quelques débris de beaucoup d'ouvrages actuellement perdus, tels que ceux de Favorin.

Une partie du recueil de Stobée, composée de découpures ayant trait à la politique et à la morale, porte le nom de *Florilegium*, traduction latine du mot Ἀνθολόγιον. C'est dans cette partie que se trouvent divers textes tirés des écrits de Favorin.

Stobée a divisé son anthologie en chapitres ou *discours* consacrés à des sujets d'une très grande diversité. Ce sont d'abord les vertus et les vices qui ont chacun leur chapitre: la prudence, le courage, la justice, la tempérance; puis, l'orgueil, l'avarice, le libertinage, l'égoïsme; les qualités plus humbles ou les simples défauts: la franchise, l'économie, le laconisme, le bavardage, la flatterie, la jalousie. Dans le domaine de la politique, voici des *discours* sur les lois, l'administration, le pouvoir, la forme du gouvernement, la royauté; il y a même un chapitre ainsi rubriqué: « qu'il n'y a rien de plus beau que la monarchie. » Stobée aime beaucoup les contrastes; il met volontiers en parallèle le pour et le contre. Après ce titre: « que rien n'est meilleur que le mariage, » il inscrit celui-ci: « qu'il n'est pas bon de se marier. » Souvent à l'éloge (ἔπαινος) il associe le blâme (ψόγος): la pauvreté et la vieillesse son tour à tour louées et condamnées; à l'éloge de la vie fait suite celui de la mort.

Il y a, dans cette singulière mosaïque, une vingtaine de morceaux pris chez Favorin. Mais sur ce nombre, quelques-uns sont très courts ou n'offrent pas un grand intérêt. Nous allons choisir et traduire les plus importants, les plus propres à compléter nos appréciations au sujet du philosophe arlésien.

Nous devons tout d'abord rapprocher du texte sur les effets de la richesse, rapporté par Aulu-Gelle, une citation où, dans la première phrase, Favorin revient à l'idée qu'il a déjà exprimée : « Il n'existe pas d'homme riche, dont la fortune, si grande qu'on l'imagine, ne soit inférieure à ce qu'il rêve de posséder. Pour demeurer toujours d'humeur gaie, il faut, dans les temps prospères, porter les yeux sur les gens moins heureux, et quand viennent les tribulations, sur ceux qui sont encore plus éprouvés. Si, en effet, pendant la prospérité, tu considères ce qui est au-dessus de toi, et, dans les mauvais jours, les situations moins pénibles que la tienne, tu seras perpétuellement affligé. »

Dans son discours contre la tyrannie, Stobée a fait une autre citation de Favorin : « De même que les animaux sauvages, entrés dans une enceinte de filets, s'emprisonnent, croyant fuir, dans un réduit toujours plus étroit, ainsi l'on a vu les tyrans passer de la Grèce dans une ville, de la ville dans la citadelle, de la citadelle dans une maison, et enfin dans une chambre. — L'homme aura beau chercher à fuir; pourra-t-il échapper à Dieu? En quelque endroit qu'il se réfugie, la justice divine saura bien le saisir. »

Le chapitre réservé par le compilateur à l'éloge de la vieillesse contient plusieurs extraits d'un ouvrage que le philosophe avait écrit sur le même sujet, Περὶ γήρως :

« Je ne veux pas laisser de côté ce qu'ont enseigné Pythagore et Platon au sujet de la vieillesse : qu'elle est proche, non point du terme de l'existence, mais, au contraire, du commencement de la vie bienheureuse.

« Sage est celui qui s'éloigne volontairement de la volupté; heureux, celui qui pour s'en éloigner n'a pas besoin de cet effort de volonté. La vieillesse a tout à la fois cette sagesse et ce bonheur; car elle rend les hommes plus raisonnables et moins enclins aux plaisirs.

« Il convient, en parlant des plaisirs, de ne point passer sous silence cette vive satisfaction qu'éprouvent tous les hommes doués d'une intelligence d'élite. Ce contentement résulte des brillantes connaissances qu'ils ont acquises et des belles actions qu'ils ont accomplies. Le vieillard peut savourer, autant que le bonheur d'avoir des richesses, le plaisir qui naît de ce double souvenir : il a, de plus, le droit de compter que la fortune, maîtresse de tout le reste, n'aurait pas la puissance de le lui enlever.

« Un Béotien découvrit par hasard un trésor, alors qu'il était déjà septuagénaire. Il leva la jambe, fit une incongruité et s'éloigna, marquant par là que ce trésor n'avait à ses yeux aucune valeur. Ainsi la vieillesse éteint le désir de posséder beaucoup d'argent et d'entreprendre beaucoup d'affaires. »

Stobée a placé dans un autre de ses chapitres (*Éloge de la vie*) un dernier extrait du même ouvrage :

« Théodore le Cyrénaïque disait qu'il ne peut exister pour le sage aucune raison suffisante de s'ôter la vie. Et il le prouvait par cette argumentation : si un homme qui a pour devoir de mépriser les accidents humains se laisse abattre au point de vouloir, à cause d'eux, sortir de la vie, comment demeurera-t-il conséquent avec lui-même, lui qui a professé que le bien seul est beau, qu'il n'y a de honteux que le mal? »

Quelques-uns des fragments de Favorin reproduits par Stobée affectent la forme de conseils donnés aux hommes. Ces conseils sont toujours empreints d'une grande sagesse.

« Ne te juge jamais toi-même avec trop d'orgueil et tu ne seras pas exposé à te mépriser. »

« Il ne faut pas ajouter foi à la louange de celui qui te loue parce qu'il a intérêt à le faire. »

« Étant homme, garde-toi bien de prédire ce qui arrivera demain ; si tu vois des gens heureux, ne te demande pas combien de temps ils le seront. Rappelle-toi ce que raconte Homère de la destruction subite des Scopades. Que de villes, qui ne se croyaient pas menacées, ont péri d'une façon soudaine : les unes par le feu, les autres par un tremblement de terre, les autres par le débordement de la mer! Où est maintenant Hélicé? Elle a été engloutie. Où est Bura? Engloutie aussi. Deux villes de la Grèce ont été submergées comme des navires qui font naufrage [1]. »

« L'homme qui prétend à la philosophie et à la véritable grandeur d'àme, doit se munir intérieurement de courage, en prévision de l'adversité à subir. Avoir besoin, pour supporter l'infortune, des consolations d'autrui, est une chose qui ne s'accorde pas avec la force de caractère. »

Notre philosophe ne paraît pas, du reste, avoir fait de l'humanité plus de cas qu'il ne faut : « Les hommes, disait-il, excitent tantôt la risée, tantôt la pitié et tantôt la haine : la risée, quand ils ont l'audace d'aspirer aux grandes entreprises; la haine,

---

[1] Les villes d'Hélicé et de Bura furent renversées par un tremblement de terre.

s'ils réussissent ; la pitié, s'ils échouent ; l'admiration, jamais. »

Il existe deux autres anthologies qui ont, avec l'ouvrage de Stobée, une très proche parenté. L'une a pour auteur saint Maxime, moine grec du VIIe siècle, qui écrivit de nombreux ouvrages de théologie, et que l'on a surnommé *le Confesseur,* parce qu'il fut persécuté par l'empereur Constantin II. L'autre est l'œuvre aussi d'un moine du Bas-Empire qui vécut probablement au siècle suivant. Il s'appelait Antoine (Ἀντώνιος) ; on lui donna le surnom de Mélissa (Μέλισσα, *l'Abeille.*)

Ces deux compilations ont été faites sur le modèle du recueil de Stobée. Elles en diffèrent en ce que celui-ci n'avait cité que des auteurs appartenant au paganisme, tandis que les deux moines ont mélangé les classiques grecs avec des extraits des livres saints et des Pères de l'Église. Elles contiennent l'une et l'autre quelques fragments de Favorin ; mais ils sont en petit nombre, et plusieurs avaient été déjà donnés par Stobée.

En voici deux qui ne figurent pas dans le *Florilegium* :

« Ne t'enorgueillis pas dans la prospérité, et dans le malheur ne t'humilie pas. Apprends à supporter vaillamment les vicissitudes de la fortune. »

« Aristide le juste, à qui l'on demandait combien de temps il est bon que l'homme vive, répondit : Jusqu'au jour où il trouve qu'il vaut mieux être mort que vivant. »

Les écrits de Favorin avaient été largement mis à profit par l'historien des philosophes grecs, Diogène Laërce.

Originaire de Laërte, en Cilicie, cet écrivain mit au jour, vers le milieu du IIIe siècle, suivant toute probabilité, un volumineux ouvrage qu'il intitula : *Vies et opinions des plus illustres philosophes*. Ce livre, auquel il y a de nombreux défauts à reprocher, est cependant d'un très grand prix pour l'histoire de la philosophie ancienne, à cause de la multitude de renseignements qu'il renferme.

Diogène Laërce donne sur Pythagore, Socrate, Platon, Aristote, Carnéade, etc., un assez grand nombre de renseignements qu'il déclare avoir puisés dans les œuvres de Favorin. C'est d'après lui, par exemple, qu'il indique le lieu où naquit et l'année où mourut Platon ; qu'il cite le texte officiel de l'accusation capitale portée contre Socrate par Mélitus.

Il est inutile que nous reproduisions ici quelques-uns des passages de l'*Histoire des philosophes* où le nom de Favorin est mentionné. Les détails biographiques qui lui sont empruntés témoignent de sa vaste érudition. Mais, à part cela, il n'y a, dans ces divers passages, rien d'intéressant à connaître relativement à la personne même de notre philosophe. Diogène Laërce ne paraît pas, d'ailleurs, l'avoir cité textuellement. Il se contente d'invoquer son autorité à l'appui de telle circonstance qu'il relate. La formule dont il se sert est celle-ci : « *Favorin dit dans le deuxième livre de ses*

*Souvenirs qu'*Aristote acheta au prix de trois talents les livres de Speusippe. — Eudoxe de Cnide, étant en Égypte avec Chonuphis d'Héliopolis, le bœuf Apis lécha son manteau; les prêtres égyptiens lui dirent qu'il deviendrait célèbre, mais qu'il ne vivrait pas longtemps, *suivant ce que rapporte Favorin dans ses Souvenirs.* »

Ce que nous venons de dire au sujet de Diogène Laërce s'applique à des emprunts du même genre faits au philosophe d'Arles par Phrynicus Arabius et par Étienne de Byzance.

.Phrynicus, qui vivait dans la seconde moitié du IIe siècle, avait écrit sur le dialecte attique un ouvrage dont il ne nous est parvenu qu'un abrégé. C'est un' glossaire contenant les diverses locutions propres aux écrivains attiques de la période classique. Il y a·dans ce lexique une quinzaine de mots, à propos desquels Phrynicus nomme Favorin, le plus souvent pour le blâmer d'avoir fait usage de ces mots. Il témoigne cependant, en l'appelant ἀνὴρ λόγου ἄξιος [1],

---

[1] *Verbo* Προάλως.

de l'estime que son mérite littéraire avait inspirée aux contemporains.

Étienne de Byzance composa, probablement au VIe siècle, un grand dictionnaire de géographie, qui fut célèbre, mais dont il ne nous reste aussi qu'un abrégé, fait par un certain Hermolaüs et dédié à l'empereur Justinien. Au sujet d'une dizaine de noms de peuples ou de lieux, le géographe donne des détails qu'il déclare avoir pris dans les livres de Favorin. Il le mentionne de la même façon que Diogène de Laërte. Il ne le cite textuellement qu'une seule fois, au mot *Océan*. Étienne de Byzance définit ainsi l'Océan: « Fleuve qui fait le tour de la terre. » Puis il transcrit ces trois lignes de notre auteur: « Un grand nombre de peuples barbares appellent l'Océan *Mer extérieure;* les habitants de l'Asie, *Grande Mer;* les Grecs enfin, *Mer Atlantique* [1]. »

---

[1] M. Charles Muller, dans le tome III de ses *Fragmenta historicorum græcorum* (collection Didot) a réuni les passages de Diogène Laërce et d'Étienne de Byzance dans lesquels le nom de Favorin se trouve cité.

## XVIII

Après nous être soigneusement appliqué à extraire des documents transmis par l'antiquité tout ce qui pouvait nous faire connaître la personne et la vie de Favorin d'Arles, il nous reste à voir maintenant quel système philosophique il professa.

Nous savons déjà qu'il appartenait à l'école académique.

Lucien, dans le dialogue que nous avons reproduit, nous a parlé de « ce certain *Académicien* eunuque, τις Ἀκαδημαϊκὸς εὐνοῦχος, qui naquit chez les Celtes et devint célèbre parmi les Grecs. »

Et d'ailleurs nous possédons, à cet égard, une déclaration formelle de Favorin. En discourant avec le jurisconsulte Africain, au sujet de la loi des Douze Tables, le philosophe dit à son interlocuteur : « Ne me demande pas quelle est mon opinion. Tu sais que j'ai l'habitude, *suivant les principes de l'école à laquelle j'appartiens,* de rechercher plutôt que de résoudre. *Noli ex me quærere quid ego existimem. Scis enim solitum esse me,* PRO DISCIPLINA SECTÆ QUAM COLO, *inquirere potius quam decernere.* »

A quoi le jurisconsulte répond : « Suspends un peu, je te prie, le cours de tes argumentations *académiques;* ne cède pas à ce goût qui vous porte à attaquer et à défendre tout ce qu'il vous plaît... *Digrediare paulisper e curriculis istis disputationum vestrarum* ACADEMICIS, *omissoque studio, quidquid libitum est, arguendi tuendique...* »

Ainsi, non-seulement Favorin affirme qu'il suit la doctrine académique, mais il veut de plus obéir en cette occasion à la règle fondamentale qu'elle enseigne, c'est-à-dire s'abstenir de formuler un jugement.

Suspendre son jugement, telle était, en effet, la grande loi de l'Académie.

L'Académie, cette école dont Platon fut le premier chef, subit de promptes altérations qui, du temps même de Speusippe et de Xénocrate, successeurs immédiats de Platon, la firent dévier, et sous la direction d'Arcésilas, et ensuite de Carnéade, la firent glisser sur la pente du scepticisme [1].

Le dernier de ces philosophes était, d'après tous les témoignages et notamment au dire

---

[1] Voici en quels termes Victor Cousin, dans son *Histoire générale de la philosophie*, expose cette déviation de l'école fondée par Platon : « La nouvelle Académie est sceptique : et cependant elle succédait à l'Académie platonicienne fort opposée au scepticisme. Mais elle avait reçu de Platon l'ironie socratique, c'est-à-dire la prudence du sage qui sait douter et s'arrêter, avec l'art du dialecticien qui pousse l'adversaire à ruiner lui-même ses principes par les conséquences qu'il le force d'en tirer... Socrate et Platon, si dogmatiques sur certains points, sont très circonspects sur d'autres ; ils abondent en doutes et en réserves, et ils se complaisent dans la réfutation par l'absurde. Leurs successeurs purent donner à l'ironie une fausse apparence. Et puis, l'école naissante avait fort exagéré le spiritualisme du maître, et pour s'être trop avancée, elle fut bientôt forcée de reculer, et de se retrancher dans une vive polémique contre les deux dogmatismes d'Épicure et de Zénon. C'est ainsi du moins que paraît s'être formé le caractère sceptique que présente la nouvelle Académie. »

de Cicéron, un homme doué de qualités éminentes [1].

Le scepticisme auquel il conduisit l'école platonicienne n'est pas le doute avoué, audacieux, brutal, pourrions-nous dire, dont Pyrrhon fut le père. C'est un doute plus dissimulé, plus ingénieux, et partant plus acceptable.

Carnéade ne nie pas l'existence de la vérité. Assurément elle existe ; mais il n'est pas donné à l'homme de pouvoir la connaître avec certitude. L'intelligence ne perçoit que des apparences, des impressions, des images confuses ; elle n'a pas le moyen de discerner celles qui sont vraies et celles qui sont fausses.

L'école stoïcienne soutenait que l'image (φαντασία), qui naît de la sensation produite par un objet, est la représentation

---

[1] Cicéron (*Académiques*, liv. 1) s'exprime ainsi : « Carnéade, qui n'ignorait aucune partie de la philosophie, était un homme d'un talent incroyable... *Nullius philosophiæ partis ignarus... incredibili quâdam fuit facultate.* »

fidèle de cet objet. Carnéade combat les Stoïciens avec une telle ardeur, qu'il avait coutume de dire : « Si Chrysippe n'existait pas, il n'y aurait pas de Carnéade. » Il dirige contre leur théorie les plus vives attaques [1]. Il admet bien la sensation, mais il conteste que l'image qu'elle fait naître soit nécessairement conforme à son objet. L'image est le reflet, la représentation de l'objet; mais il est impossible de savoir si cette représentation est exacte ou ne l'est pas. La raison trompe autant que les sens. Il n'y a donc pas de critérium de la vérité; l'esprit humain est dépourvu de moyens propres à distinguer le vrai du faux.

[1] Aulu-Gelle ( liv. XVII, ch. xv ) raconte à ce sujet une curieuse anecdote : « Carnéade l'académicien, se disposant à écrire contre la doctrine du stoïcien Zénon, se purgea le corps avec de l'ellébore blanc, pour empêcher les humeurs corrompues dans l'estomac de refluer jusqu'au siége de l'âme et d'affaiblir la vigueur et la fermeté de son esprit. C'est avec de telles précautions que cet homme supérieur (*vir ingenio præstanti*) se préparait à réfuter les livres de Zénon. »

Ce principe étant posé, Carnéade introduit alors sa théorie de la vraisemblance, de la probabililé ($\tau\grave{o}\ \pi\iota\theta\alpha\nu\acute{o}\nu$).

Puisque la certitude échappe, puisque l'homme n'est jamais sûr d'atteindre la vérité, d'après quelles règles, dans la pratique de la vie, faudra-t-il se diriger?

L'homme, selon Carnéade, doit se déterminer d'après les vraisemblances. Quand l'esprit perçoit l'image d'un objet, il juge aussitôt cette image: il la trouve vraie ou fausse: il pense qu'elle est la représentation fidèle de l'objet, ou non. Il n'acquerra jamais la certitude que le jugement qu'il porte n'est pas erroné. Mais si l'image lui paraît vraie, elle est vraisemblable; elle ne l'est pas, s'il l'a jugée fausse.

Il y a, d'ailleurs, des degrés dans la vraisemblance et des moyens de les apprécier. Toute perception, toute représentation est susceptible d'être contrôlée, c'est-à-dire confirmée ou contredite par d'autres. Si en examinant attentivement les circonstances au milieu desquelles l'image s'est produite, en la comparant à d'autres perceptions concomitantes, l'esprit continue à la croire vraie, il pourra s'élever jusqu'au plus haut degré de l'échelle des probabilités. Il est alors permis à l'homme d'opiner, d'agir même, en se laissant guider par la vraisemblance. Mais cette probabilité qu'il aura suivie n'en reste pas moins ce qu'elle est, une probabilité; elle ne se transformera jamais en certitude. D'où cette conséquence pour le sage: chercher toujours, n'affirmer en aucun cas.

Aulu-Gelle développe dans un chapitre de ses *Nuits* [1] les théories professées par les Pyrrhoniens et il établit un parallèle entre ces théories et les doctrines de l'école académique :

« Les Grecs ont donné, aux philosophes que nous appelons Pyrrhoniens, le surnom de *sceptiques* (σκεπτικοί); ce terme équivaut à peu près aux mots latins *quæsitores* (chercheurs) et *consideratores* (observateurs).

[1] Liv. XI, ch. v.

En effet, ils ne décident rien, ils ne résolvent rien ; mais ils s'occupent sans relâche à examiner, à rechercher ce qui pourrait en chaque chose être décidé et résolu. Ils se gardent bien d'assurer qu'ils voient ou qu'ils entendent. Ils croient simplement qu'ils subissent une impression et sont affectés comme s'ils voyaient ou s'ils entendaient. Mais quelle est la nature, quelle est la cause des impressions qui les affectent ainsi ? C'est là un point sur lequel ils hésitent et refusent de se prononcer. La vérité, disent-ils, obscurcie par un mélange d'apparences vraies et fausses, est tellement insaisissable, que tout homme qui ne veut pas précipiter son jugement d'une façon inconsidérée, doit s'en tenir à la formule employée par Pyrrhon, fondateur de cette école philosophique : « Cela n'est pas plus ainsi que de « telle manière ou autrement[1]. » Ils nient la possibilité de connaître et d'apprécier les caractères et les qualités propres des choses.

---

[1] Οὐ μᾶλλον οὕτως ἔχει τόδε, ἢ ἐκείνως, ἢ οὐδετέρως.

C'est ce qu'ils enseignent et s'efforcent de démontrer par de nombreuses raisons. Favorin a composé sur ce sujet, avec beaucoup de finesse et d'habileté, dix livres qu'il a intitulés *Arguments des Pyrrhoniens* (Πυῤῥωνείων τρόπων.)

« Une question ancienne et traitée par divers écrivains grecs consiste à savoir quelle est la différence qui existe entre les Pyrrhoniens et les Académiciens. On leur a donné les mêmes noms de σκεπτικοὶ (chercheurs), ἐφεκτικοὶ (qui suspendent leur jugement), ἀπορητικοὶ (irrésolus), parce que les uns et les autres s'abstiennent d'affirmer et pensent que rien ne peut être connu. Ils admettent que toute chose produit une image, appelée par eux φαντασία. Mais cette image ne représente pas véritablement son objet : elle se modifie suivant les dispositions de l'âme. Aussi, d'après eux, tout ce qui agit sur les sens de l'homme n'est que *relatif :* cela signifie que rien n'existe par soi-même et ne possède une nature, une force propre, mais que tout se rapporte directement à quelque chose. Les objets sont pour nous ce qu'ils nous paraissent : nous les jugeons sur leur apparence, d'après l'impression qu'ils font sur nos sens ; nous ne les voyons pas tels qu'ils sont par leur essence et leur origine [1]. Les Académiciens et les Pyrrhoniens s'accordent jusque là. Mais ils diffèrent sur divers points, et principalement en ceci : les Académiciens comprennent, en quelque sorte, que l'on ne peut rien comprendre et décident presque que l'on ne peut rien décider ; les Pyrrhoniens refusent même de souscrire à la vérité de cette proposition, parce que, pour eux, il n'y a rien de vrai. »

En embrassant la doctrine suivie par l'école académique, telle que nous venons de l'exposer, il semble que Favorin y avait apporté certaines restrictions. C'est du moins ce qui ressort du traité que Galien écrivit pour réfuter ses opinions.

---

[1] Théorie que Kant a reproduite sous cette formule « que nos connaissances sont purement subjectives. »

Galien, dont la renommée comme médecin égala presque celle d'Hippocrate, prétendait à la science universelle : prétention
d'ailleurs assez fréquente à cette époque. Il
se piquait surtout d'être grand philosophe.
On s'était raillé de cette belle passion pour
la philosophie. Les médecins de ce temps-là,
qui aimaient à se moquer un peu de leurs
confrères, l'avaient surnommé λογίατρος,
le médecin raisonneur.

Nous avons déjà eu l'occasion de men-
tionner le traité que Galien composa contre
Favorin et qu'il intitula : περὶ ἄριστης
διδασκαλίας.

Il commence en ces termes :

« Favorin affirme qu'argumenter pour et
contre constitue la meilleure doctrine. Les
Académiciens donnent ce nom d'*argumentation pour et contre* (ἐπιχείρησις εἰς ἐκάτερα)
à leur système de soutenir tour à tour des
propositions contradictoires. Les plus anciens
partisans de cette école pensent que ce genre
d'argumentation doit aboutir à la *suspension de jugement* (ἐποχή); appelant ainsi

l'incertitude, qui consiste à ne prendre aucune détermination, à ne rien tenir pour constant. Les derniers venus (Favorin n'est pas le seul) poussent quelquefois cette suspension de jugement jusqu'à ne pas accorder que le soleil soit compréhensible; quelquefois aussi ils admettent la connaissance et vont jusqu'à la concéder à leurs disciples, mais sans leur en avoir préalablement enseigné le critérium scientifique. C'est ce que Favorin a exposé dans son livre sur le système de l'école académique, qui a pour titre *Plutarque*. Il a exprimé les mêmes opinions dans le traité qu'il a dédié à Épictète, et où il met en scène Onésime, esclave de Plutarque, conversant avec Épictète lui-même. Dans un ouvrage qu'il écrivit ensuite, intitulé *Alcibiade*, il loue les autres Académiciens, qui, à l'égard les uns des autres, avec des arguments opposés, soutiennent le pour et le contre, et qui, d'autre part, permettent à leurs disciples de choisir le système qu'ils jugeront le plus vrai. Il déclare, à la vérité, dans ce dernier écrit, qu'il lui paraît probable que rien n'est *compréhensible* (καταληπτόν). Dans le *Plutarque*, au contraire, il avait semblé convenir qu'il est des choses que l'on peut connaître avec certitude. »

Galien dit encore que Favorin avait écrit trois autres livres dans lesquels il faisait de grands efforts pour démontrer que *l'imagination compréhensive* (φαντασία καταληπτική) ne saurait exister.

Cicéron, dans les *Académiques,* explique avec une remarquable clarté le sens de ces diverses expressions mises en usage par Zénon, le fondateur de l'école stoïcienne.

Nous avons vu plus haut ce que les Stoïciens entendaient par φαντασία: c'est l'impression reçue par les sens, l'image que produit la sensation. Cicéron nomme assentiment, *assensio,* l'opération par laquelle l'esprit accepte l'impression reçue et la transforme en perception. Cet assentiment, au dire de Zénon, vient de nous; il est volontaire et libre. Le même philosophe enseignait qu'il ne faut pas ajouter foi à toutes les impressions, à toutes les images, mais seulement à celles en qui se manifestent les caractères propres de l'objet qu'elles représentent. Il appelait *compréhensible* (Cicéron traduit littéralement par le mot latin *comprehensibile* le grec καταληπτόν) l'image qui apporte la manifestation vraie de son objet, qui atteste en quelque sorte sa propre fidélité; et *compréhension* (κατάληψις) l'opération de l'esprit acceptant et approuvant l'image venue de la sensation. Le mot de compréhension est une métaphore empruntée aux objets que prend, que saisit la main. « Quand l'esprit a saisi avec une force telle que la raison ne parvient pas à lui arracher ce qu'il détient ainsi, il y a *science;* dans le cas contraire, *inscience:* de celle-ci naît l'*opinion* qui est faible, et qui s'accommode du faux et de l'inconnu [1]. »

En résumé, cette φαντασία καταληπτική, cette imagination compréhensive, dont Favorin conteste l'existence, c'est, d'après Zénon,

----

[1] Cicéron, *Acad.* liv. II.

l'image, la représentation d'un objet produite par la sensation, perçue par l'esprit et acceptée par la raison comme étant conforme à l'objet représenté. L'école académique prétend que l'esprit n'a pas le moyen de faire cette opération, l'autorité suffisante pour porter ce jugement, et qu'il lui est interdit de se prononcer avec certitude sur la ressemblance ou la fausseté de l'image.

D'ailleurs, si Galien attaque Favorin, ce n'est pas tant pour le fait d'avoir combattu, à l'exemple de Carnéade, les théories du Portique; c'est surtout à cause des contradictions que le médecin philosophe lui reproche de soutenir.

Dans la phrase qui termine le traité *sur la meilleure doctrine,* et qui est comme la conclusion de l'ouvrage, Galien exprime l'étonnement que lui cause « cet incroyable Favorin [1], lequel, ayant écrit un livre tout entier pour démontrer que le soleil n'est pas compréhensible, nous parle comme si nous

[1] Ὁ θαυμαστὸς Φαβωρῖνος.

ne nous souvenions plus de ce livre, avoue que certaines choses peuvent être connues véritablement et permet à ses disciples de les discerner. »

A diverses reprises Galien taxe Favorin d'inconséquence.

Les anciens sectateurs de l'Académie croyaient que la nature n'a donné à l'homme aucun critérium apte à lui procurer la connaissance de la vérité. C'est pourquoi ils s'abstenaient de rien affirmer, suspendaient leur jugement et pratiquaient le doute sans jamais s'en départir. Ils étaient, aux yeux de Galien, conséquents avec eux-mêmes.

Mais que dire de ce Favorin qui, d'un côté, partage les opinions de l'ancienne Académie, pense qu'il y a possibilité de défendre, sur tous les sujets, le pour et le contre, et, de l'autre, autorise ses disciples à prendre parti !

Comment pourront-ils le faire, s'ils ne possèdent aucun instrument qui leur permette de reconnaître la vérité?

Cet instrument, ce critérium, est un don de la nature ou un produit de l'art.

Ce n'est pas un don naturel, car si la nature le donnait, tous les hommes l'auraient, connaîtraient uniformément la vérité et ne seraient jamais en désaccord.

Ainsi le critérium ne peut être que le résultat d'une méthode artificielle.

Mais pour que le disciple de l'Académicien sache en faire application, il faut d'abord lui enseigner cette méthode. L'art de découvrir la vérité ressemble, sous ce rapport, à l'art du lutteur, du cordonnier, du maçon, du peintre, du rhéteur. A ceux par qui l'on veut faire pratiquer ces différents arts, il est indispensable d'en montrer les règles. Que dirait-on de l'artisan qui ordonnerait à son apprenti de mesurer une longueur, de tracer une ligne droite, de décrire un cercle, et qui ne lui fournirait ni mesure, ni règle, ni compas ?

Galien compare Favorin à quelqu'un qui chargerait un aveugle de décider quelle est, de deux personnes, la plus blanche ou la plus noire, et qui prétendrait que, pour trancher cette question, il est inutile de regarder.

On n'appelle pas les ânes à juger, dit-il, parce qu'ils sont dénués d'intelligence. N'est-ce pas, pour l'homme, même chose que ne pas avoir de raison, ou en avoir une à laquelle on ne peut accorder créance ?

Lorsqu'il s'agit d'apprécier la vérité d'une doctrine, il n'y a aucune différence entre la privation de tout critérium et la possession d'un critérium auquel on ne doit pas se fier.

Favorin est donc ridicule ($\gamma\varepsilon\lambda o\tilde{\iota}o\varsigma$) quand, en même temps, il permet à ses disciples le jugement et refuse toute confiance aux instruments nécessaires pour juger.

Telle est la conclusion de Galien.

Il y aurait témérité de notre part à vouloir défendre contre lui le philosophe d'Arles. Les ouvrages de celui-ci n'existant plus, il ne nous est pas possible d'apprécier jusqu'à quel point étaient fondées les critiques du célèbre médecin.

Il convient néanmoins de faire certaines remarques.

Cette assertion dont Galien se montrait si fort scandalisé, « que le soleil même n'est pas compréhensible, » n'a rien qui doive nous choquer beaucoup. Le mot *compréhensible* a, comme Cicéron nous l'a expliqué, le sens de *connaissable*. Lorsque Favorin a employé cette expression en parlant du soleil, il a voulu dire sans doute que l'on ne savait rien au sujet de la composition, de la nature, des conditions d'existence du grand astre, que l'effet produit sur nos sens par ses rayons ne suffisait pas pour nous faire connaître son essence. Nous sommes, à cet égard, un peu plus avancés que les anciens. Mais aujourd'hui, même après les travaux du P. Secchi, le champ des conjectures reste ouvert, et l'on peut encore penser que, dans le sens où l'entendait Favorin, sa proposition n'a pas cessé d'être soutenable.

Il y a plus. Ces prétendues contradictions dont Galien s'irrite, cette faculté de juger accordée en certains cas, prouvent, selon nous, que Favorin n'était pas servilement enchaîné à la doctrine académique. Il admettait certains tempéraments; il reculait devant les exagérations; il doutait, lorsque le doute lui semblait prudent; il affirmait, quand c'eût été folie de douter.

Autant le scepticisme, érigé en principe absolu, est un système déraisonnable et funeste, autant le doute, — qui a été, suivant l'expression de Victor Cousin, « la première forme, la première apparition du sens commun sur la scène de la philosophie [1], » — est utile à la science philosophique, quand il reste contenu dans de justes limites. Socrate et Platon s'en étaient servis avec grand succès. Cicéron avait défendu les théories de l'Académie. Et pour revenir à Favorin, nous avons vu le sage Plutarque, en soumettant à son jugement diverses hypothèses sur les causes du froid, approuver la réserve scientifique de son ami et lui

---

[1] *Histoire générale de la philosophie.* — Victor Cousin, dans cet ouvrage, n'en condamne pas moins avec beaucoup d'énergie le dogmatisme sceptique.

dire: « Tu penses avec raison que c'est le devoir du philosophe d'empêcher dans les questions douteuses les affirmations téméraires. »

Nulle part dans les *Nuits attiques*, où pourtant Aulu-Gelle résume si volontiers et si souvent les enseignements de son maître, nous ne voyons Favorin faire profession de scepticisme, se déclarer partisan du doute systématique et absolu, et refuser de porter des jugements. Il y a plutôt chez lui tendance à manifester, en toute matière, une opinion bien arrêtée. Nous ne parlons pas des questions purement littéraires dans lesquelles, faisant toujours preuve d'un goût très sûr, il approuve ou condamne, suivant le cas, et sans balancer. Pour d'autres sujets, il n'hésite pas davantage. Il fait bien quelques façons avant de donner son avis sur les Douze Tables. Mais ses premières réticences, qui nous paraissent une simple coquetterie, ne l'empêchent pas de blâmer sans ménagement certaines dispositions de ces lois. Sur toute question, il se détermine et affirme résolûment ce qu'il croit la vérité. Contentons-nous de rappeler sa dissertation contre les Chaldéens où il combat avec tant de vivacité les superstitions astrologiques.

Nous pensons qu'en philosophie Favorin fut moins un sectateur du doute académique, même tempéré, qu'un éclectique, adoptant ce qu'il y avait de sensé dans chaque système, approuvant ce qui était digne d'être approuvé, appliquant enfin à des choix judicieux cette raison dont nous avons eu plusieurs fois l'occasion de constater la rectitude.

Différentes circonstances témoignent de cet éclectisme.

Il était grand admirateur de Platon [1], et

---

[1] Dans les fragments insérés au recueil de Stobée, nous voyons Favorin citer Platon à deux reprises. Il le nomme trois fois dans les entretiens rapportés par Aulu-Gelle, et notamment dans la discussion sur la loi des Douze Tables, où il parle du plaisir avec lequel il a lu son traité sur les lois. Plusieurs détails donnés par Diogène Laërce au sujet de Platon sont tirés des livres de Favorin, qui avait d'ailleurs écrit un ouvrage entier sur Platon, περὶ Πλάτωνος.

suivant Plutarque, passionnément épris d'Aristote, δαιμονιώτατος ἐραστής [1].

Aulu-Gelle rapporte un fait qui marque, à notre avis, qu'il passait pour observer, en matière de sectes philosophiques, une sorte de neutralité [2].

Il avait pour amis, nous dit son disciple, deux philosophes qui avaient acquis à Rome une certaine célébrité: l'un appartenait à l'école péripatéticienne, l'autre à l'école stoïcienne.

Par une belle soirée de printemps, ces deux philosophes se promenaient avec lui sur le rivage de la mer, près d'Ostie. L'auteur des *Nuits attiques* était présent.

---

[1] Ce témoignage de Plutarque a fait croire à Fabricius (*Bibl. gr.* liv. III) qu'il y avait eu à la même époque un autre Favorin qui aurait été péripatéticien : « *Fuit et alius Favorinus iisdem temporibus peripateticus.* » Outre qu'aucun auteur n'a jamais fait mention de cet autre Favorin, l'identité entre l'ami de Plutarque et le maître d'Aulu-Gelle nous paraît de la dernière évidence.

[2] *Nuits attiques*, liv. XVIII, ch. 1: *Disputationes à philosopho stoico, et contra à peripatetico, arbitro Favorino, factœ...*

Une vive discussion s'engagea entre le Stoïcien et le Péripatéticien.

Le premier soutenait qu'il suffit de la vertu pour rendre l'homme heureux, et du vice pour faire son malheur, quand même la vertu serait déshéritée et le vice comblé de tous les biens du monde.

Le Péripatéticien concédait qu'il suffit du vice et de la perversité pour empoisonner l'existence. Mais il pensait que la vertu seule est impuissante à donner le bonheur: l'intégrité et la santé du corps, une certaine dose de beauté, une honnête aisance, une bonne réputation et d'autres avantages du même genre lui semblaient les conditions nécessaires de la félicité parfaite.

Le Stoïcien se récriait et reprochait à son adversaire de se contredire. La vertu est le contraire du vice; le bonheur, le contraire du malheur. Pourquoi ne pas observer la loi des contraires? Si le vice est suffisant pour faire le malheur de la vie, peut-on dire que la vertu ne suffit pas à procurer le bonheur? Quelle inconséquence de croire que sans la vertu il n'y a pas de bonheur possible et de nier qu'avec la vertu on soit heureux; de faire ainsi à la vertu absente un honneur refusé à la vertu présente!

« Je te demande la permission, dit gaîment le Péripatéticien, de te poser une question: penses-tu que l'on ait une amphore de vin, quand un conge manque à l'amphore?

— Non, répond sans hésiter l'adepte du Portique; on ne peut dire que l'amphore y soit, s'il y a un conge de moins.

— On aura donc, reprit l'autre, le droit de prétendre qu'un conge fait une amphore, puisque sans le conge il n'y a pas amphore, et qu'avec le conge, l'amphore y est. Or s'il est absurde de dire qu'il suffit d'un seul conge pour faire une amphore, il ne l'est pas moins d'affirmer que la vertu seule fait le bonheur, parce que, sans la vertu, la vie ne sera jamais heureuse. »

Favorin se mêle au débat et s'adressant au Péripatéticien: « L'argutie, lui dit-il, que te fournit le conge a déjà été employée dans les livres. C'est, comme tu ne l'ignores pas, une subtilité ingénieuse plutôt qu'un argument sérieux et de bon aloi. Le conge qui manque empêche bien l'amphore d'avoir l'exacte mesure. Mais quand on l'ajoute, il ne fait pas l'amphore, il la complète. Or la vertu, pour les Stoïciens, n'est ni un acccessoire, ni un complément; elle constitue seule l'élément essentiel du bonheur; et c'est pourquoi elle suffit, par sa présence, à rendre la vie heureuse. »

La dispute continue. Les deux philosophes s'entêtent dans leurs opinions et les défendent avec des arguments de plus en plus subtils et entortillés, qu'ils soumettaient à Favorin comme à un arbitre, « *tanquam apud arbitrum.* » Mais déjà les premières étoiles commençaient à luire et les ténèbres à s'épaissir. « Nous reconduisîmes Favorin jusqu'à sa demeure, dit Aulu-Gelle, et nous nous séparâmes. »

Il est fâcheux que ce lever des étoiles ait mis fin, d'une façon un peu brusque, à une controverse aussi attachante. Nous aurions été curieux de connaître le jugement rendu par notre philosophe sur le point soumis à son appréciation.

Mais, quoi qu'il en soit, cette circonstance montre bien, suivant nous, l'indépendance philosophique, l'éclectisme de Favorin. Les deux philosophes en désaccord, qui, certes, n'étaient pas les premiers venus, qui jouissaient à Rome d'un certain renom, le prennent pour « arbitre »; Aulu-Gelle se sert deux fois de cette expression. Ils n'auraient certainement pas songé à l'établir juge du débat s'ils l'avaient cru lié par le parti pris d'une école, et surtout d'une école enseignant qu'il est interdit à l'homme de porter aucun jugement.

Il serait intéressant de rechercher dans cet éclectisme de notre philosophe la trace des leçons qu'il avait reçues de ses maîtres, Épictète et Dion Chrysostome.

Nous avons déjà dit que, selon toute probabilité, Favorin avait été pendant quelque temps le disciple d'Épictète. Voici le passage dans lequel Aulu-Gelle a associé les noms des deux philosophes [1] :

« J'ai entendu rapporter par Favorin que le philosophe Épictète avait dit : « La plupart « des hommes qui se font passer pour « philosophes sont des philosophes ἄνευ τοῦ « πράττειν, μέχρι τοῦ λέγειν, » c'est-à-dire philosophes non point de fait, mais en en paroles seulement.

« Arrien, qui a recueilli ses *Dissertations*, nous a transmis les propos encore plus vifs qu'il tenait habituellement à ce sujet. Quand il voyait un homme sans pudeur, d'une activité malencontreuse, de mœurs corrompues, audacieux, insolent en son langage, s'occupant de tout excepté de son âme ; quand il voyait, dit Arrien, un homme d'un tel acabit se mêler d'aborder les sciences philosophiques, étudier la physique, s'exercer à la dialectique, et chercher à résoudre les graves questions qu'elles font naître, il

_______
[1] Liv. XVII, ch. xix.

prenait à témoin les dieux et les hommes, et souvent apostrophait ainsi le personnage : « Homme, où jettes-tu tout cela ? As-tu « bien examiné si le vase était net ? Car si « tu jettes la science dans ton esprit, elle y « pourrira, et deviendra vinaigre, urine ou « pis encore. » Rien assurément de plus sérieux que ces paroles : Épictète, ce grand philosophe, indiquait par là que les enseignements de la philosophie, reçus par un homme indigne, s'y altèrent, s'y corrompent comme dans un vase plein de souillures, et suivant son expression un peu cynique, s'y transforment en urine ou en quelque chose de plus dégoûtant, si c'est possible.

« Le même Épictète, d'après ce que je tiens encore de Favorin, avait coutume de dire que les vices les plus odieux et les plus funestes sont l'impatience et l'incontinence, qui consistent, l'une à ne pas endurer les injustices qu'il faut subir, l'autre à ne point s'abstenir des choses et des voluptés que l'on doit fuir. Il suffit, disait-il, de graver dans son cœur et d'observer fidèlement un précepte qui n'a que deux mots, pour devenir presque impeccable et jouir d'un repos assuré. Ces deux mots sont: ᾽Ανέχου καὶ ἀπέχου. »

Il nous paraît de toute évidence que notre philosophe n'aurait pas ainsi répété à ses disciples la maxime favorite d'Épictète, s'il ne l'eût approuvée et en quelque sorte adoptée.

Nous trouvons d'autres empreintes de la morale stoïcienne dans les fragments de Stobée que nous avons cités. Qu'il nous suffise de signaler les passages suivants :

« Sage est celui qui s'éloigne volontairement de la volupté : heureux, celui qui pour s'en éloigner n'a pas même besoin de le vouloir.....

« L'homme... a pour devoir de mépriser les vicissitudes humaines.....

« ... Le bien seul est beau, il n'y a de honteux que le mal.

« ... Avoir besoin, pour supporter l'adversité, des consolations d'autrui, est une chose qui ne s'accorde pas avec la véritable grandeur d'âme. »

Pour Dion Chrysostome, il y a certitude, comme on l'a vu, que Favorin l'avait eu pour maître.

Uniquement voué à la rhétorique, Dion avait commencé par dédaigner la philosophie. Il était même allé jusqu'à parler en termes fort irrévérencieux des plus illustres philosophes.

Plus tard, une transformation complète s'opère en lui; il se convertit sincèrement et embrassa le stoïcisme, dont il pratiqua l'austérité.

Mais ses goûts ne le portaient pas à dogmatiser. Il s'adonna plutôt à la philosophie morale.

Ayant sur les épaules, au lieu du manteau des philosophes, une peau de lion, observant toujours dans sa conduite une grande rigidité, il parcourut les villes comme un homme qui accomplit une sorte d'apostolat, que la divinité a choisi pour interprète, qu'elle éclaire de ses inspirations et dont la mission est d'améliorer ses semblables.

Il parle toujours un langage plein de hardiesse, il brave l'impopularité, il prêche la réforme des mœurs, il tonne contre la corruption, il condamne les spectacles et les désordres qu'ils entraînent, il exalte la vie modeste et retirée.

Nous possédons encore quatre-vingts discours de Dion Chrysostome.

Plusieurs, dans ce nombre, sont surprenants par l'élévation des idées qui y sont développées, par l'éclat de la lumière qui y est répandue. Dion y traite notamment de la connaissance de Dieu, et ce philosophe païen exprime à ce sujet des idées véritablement chrétiennes.

Il le représente comme le souverain maître du ciel et de la terre, comme un père et un roi gouvernant l'univers avec une suprême sagesse, et dont la présence révélée par la nature, enseignée par la tradition, est méconnue de ceux-là seuls qui se plongent volontairement dans les ténèbres pour ne le point voir.

Il attaque les idoles. S'il existe des prêtres qui affirment que la statue est dieu, pour le philosophe ce n'est qu'un emblème imparfait et grossier de la divinité. Il reproche à Phidias d'avoir, par la magie de son ciseau, divinisé le marbre et détourné par là les adorations humaines de la beauté intellectuelle et invisible, pour les mener au culte de la beauté matérielle et visible.

Il croit à l'existence d'une vérité primitive qui a éclairé le genre humain. Rechercher cette vérité primitive, cette science divine, telle est la mission de la philosophie, « interprète de la raison, prophétesse véridique, infaillible, de la nature immortelle. »

Dion Chrysostome, maître de Favorin, avait certainement fait part de ses lumières à son disciple.

Dans les rares fragments qui nous restent des œuvres du philosophe arlésien, nous apercevons des lueurs d'une vérité en quelque sorte surnaturelle.

Au sujet de Dieu, les idées de Favorin sont aussi belles, aussi chrétiennes que celles de Dion.

Il croit à la prescience divine. Quand il refuse aux astrologues la faculté de prédire l'avenir, il invoque cette raison : « La principale différence entre la divinité et les hommes serait supprimée, si les hommes avaient le pouvoir de connaître l'avenir. »

Et n'y a-t-il pas un éclatant hommage rendu à la puissance et à la justice de Dieu dans ces lignes conservées par Stobée : « L'homme aura beau chercher à fuir ; pourra-t-il échapper à Dieu ? En quelque endroit qu'il se réfugie, la justice divine saura bien le saisir ? »

Ces grands esprits, Épictète, Dion de Pruse, Favorin d'Arles, ne connurent pas le christianisme, mais ils en pressentirent l'influence.

Et, à cet égard, que l'on nous permette une comparaison.

Sans doute le christianisme fut d'abord, comme l'avait voulu son divin fondateur, la religion des humbles et des ignorants. Mais quand le soleil fait, le matin, poindre à l'horizon ses premiers scintillements, ne dore-t-il pas aussitôt du reflet de ses feux le sommet des monts qui dominent? Ne semble-t-il pas que ces intelligences d'élite, comme les hautes cimes éclairées par le soleil levant, ont réfléchi quelques rayons du christianisme à son aurore?

## XIX

Favorin, nous le savons, avait beaucoup écrit. Nous allons réunir ici les renseignements qui nous sont parvenus au sujet de ses œuvres.

D'après le témoignage de Suidas, que nous avons rapporté plus haut, « il rivalisa avec Plutarque par le nombre infini des ouvrages qu'il composa. » Suidas ajoute immédiatement: « Il écrivit des livres de philosophie et des livres d'histoire, en très grand nombre [1]. »

[1] Γέγραπται... φιλόσοφά τε καὶ ἱστορικὰ, ὧν πολὺς ἀριθμὸς.

La liste des écrits de Plutarque, dressée par son fils Lamprias, mentionne deux cent dix ouvrages; sur ce chiffre, cent trente nous ont été conservés, y compris ceux dont l'authenticité est douteuse.

Les productions de Favorin devaient par leur nombre, suivant l'affirmation de Suidas, égaler au moins celles de Plutarque. Or, c'est à peine si nous connaissons les titres d'une vingtaine d'ouvrages.

Nous en ferons l'énumération en observant la division indiquée par Suidas. Nous nous occuperons d'abord des œuvres philosophiques, puis des œuvres historiques [1].

[1] Fabricius (*Bibl. gr.* liv. III) donne, à la suite d'une courte notice sur Favorin, une liste de ses ouvrages. Il s'y est glissé plusieurs inexactitudes. Une liste beaucoup plus exacte accompagne une étude sur Favorin qui a fait le sujet d'une thèse pour l'obtention du grade de docteur en philosophie, soutenue à Utrecht en 1853 par M. Jean-Léonard Marres, de Maëstricht. Cette thèse, écrite en latin, a été imprimée à Utrecht sous ce titre : *Dissertatio literaria inauguralis de Favorini Arelatensis vitâ, studiis, scriptis.* On serait en droit de reprocher à ce travail une trop grande sécheresse, s'il

Parmi les compositions philosophiques, nous devons signaler en premier lieu l'important traité, en dix livres, *sur les arguments des Pyrrhoniens,* Πυῤῥωνείων τρόπων λόγοι ί. Nous avons entendu Aulu-Gelle faire un grand éloge de ce livre : « *Subtilissimè argutissimèque decem libros composuit, quos* Πυῤῥωνείων τρόπων *inscribit.* » La même approbation se retrouve sous la plume de Philostrate. Après avoir loué certains ouvrages qu'il attribue à Favorin, et que nous citerons plus loin, il parle en termes encore plus favorables de ses traités philosophiques, « parmi lesquels, dit-il, *les Pyrrhoniens* sont ce qu'il y a de mieux, ὧν ἄριστοι οἱ Πυῤῥώνειοι. »

On appelait *arguments des Pyrrhoniens* ou *motifs de douter,* τρόποι ἐποχῆς, les raisons invoquées par les Pyrrhoniens en

avait la prétention d'être autre chose qu'une thèse. Mais l'auteur y fait preuve d'une érudition sérieuse ; on voit qu'il a étudié avec conscience tout ce qui se rapporte au philosophe d'Arles. Il a imprimé à la fin de son étude la collection des textes originaux de Favorin.

faveur de leur scepticisme. Ils tiraient ces arguments : des différences d'organisation des êtres vivants, affectés, suivant leur conformation, d'une manière différente par les mêmes causes extérieures; des différences de nature entre les peuples et même entre des individus de même origine; de la contradiction des jugements portés par la même personne selon les dispositions variables dans lesquelles elle se trouve; de la diversité des lois et des croyances religieuses; des appréciations *relatives* et changeantes que l'on fait des choses en les comparant à telle ou telle autre, etc.

Ces motifs de doute étaient au nombre de dix, et voilà pourquoi le traité de Favorin se composait de dix livres. Diogène de Laërte s'est servi de cet ouvrage en exposant les doctrines de Pyrrhon. Favorin, — c'est un détail qui nous est donné par Philostrate, — y exprimait l'avis qu'il ne fallait pas, malgré leur doute systématique, interdire aux Pyrrhoniens les fonctions judiciaires.

Nous avons vu, dans le chapitre précédent, Galien faire mention de divers ouvrages philosophiques de Favorin. C'est par lui que nous connaissons les suivants :

*Plutarque, ou du système de l'école académique,* Πλούταρχος, ἢ περὶ τῆς Ἀκαδημαϊκῆς διαθέσεως. — Notre philosophe y concédait qu'il est des choses que l'on peut connaître avec certitude.

*A Épictète,* πρὸς Ἐπίκτητον. — C'était vraisemblablement un dialogue; l'auteur mettait en scène Épictète lui-même discourant avec Onésime, esclave de Plutarque.

*Alcibiade,* Ἀλκιβιάδης. — Ce livre, au dire de Galien, fut écrit postérieurement aux deux que nous venons de nommer. Favorin y permet à ses disciples de juger du mérite de deux opinions contradictoires, bien qu'il lui paraisse probable que rien n'est *compréhensible.*

*De l'imagination compréhensive,* περὶ τῆς καταληπτικῆς φαντασίας. — Cet ouvrage était divisé en trois livres, dédiés le premier à Hadrien, le second à Druson, et le troisième à Aristarque. D'après Galien, Favorin y soutenait, comme nous l'avons vu plus haut, que l'esprit humain n'a pas la faculté de reconnaître si la représentation d'un objet perçu par les sens est conforme ou non à cet objet.

Voici maintenant les ouvrages dont les titres nous sont donnés par Suidas :

*De la philosophie d'Homère*, περὶ τῆς Ὁμήρου φιλοσοφίας ;

*De Socrate, et de ses principes sur l'amour*, περὶ Σωκράτους καὶ τῆς κατ' αὐτὸν ἐρωτικῆς τέχνης ;

*De Platon*, περὶ Πλάτωνος ;

*De la manière de vivre des philosophes*, περὶ τῆς διαίτης τῶν φιλοσόφων.

Phrynicus Arabius cite trois traités :

*De la prière*, περὶ εὐχῆς ;

*Des idées*, περὶ ἰδεῶν ;

*De la sagesse populaire*, περὶ τῆς δημώδους σωφροσύνης.

Nous avons déjà parlé du traité *De la vieillesse*, περὶ γήρως, dont Stobée a recueilli divers fragments.

Après avoir écrit *sur* (c'est-à-dire *en faveur de*) la vieillesse, notre philosophe aurait-il disserté *contre* la vieillesse? Stobée, qui aimait fort les oppositions, ainsi que nous l'avons remarqué, fait suivre son *éloge de la vieillesse* d'un ψόγος γήρως. Il y donne un texte de Favorin. Ce texte est fort court; il n'a qu'une ligne, et l'on ne comprend guère à quoi il se rapporte. En voici la traduction littérale: « Beaucoup de peine pour toi en peu de temps. » Le compilateur accompagne cette ligne d'une annotation ainsi conçue: Φαβωρίνου ἐκ τῶν κγ. M. Marres, dans le travail que nous avons signalé, propose de considérer ces deux lettres comme une abréviation des mots: κατά γήρως. Si cette interprétation était admise, il en résulterait que Favorin, en véritable Académicien, habitué à défendre le pour et le contre, aurait fait le procès à la vieillesse, après l'avoir d'abord exaltée.

Nous trouvons d'ailleurs, dans les indications que nous possédons relativement aux œuvres de Favorin, des vestiges de sa profession de rhéteur ou sophiste.

Les sophistes aimaient beaucoup à traiter, dans leurs déclamations publiques, des sujets qui non-seulement n'avaient rien de sérieux, mais qui, en outre, constituaient de véritables paradoxes, des thèses tout-à-fait insoutenables. Ils avaient pour but, en se livrant à ces plaisanteries, d'amuser leurs auditeurs, mais surtout de s'assouplir à l'escrime oratoire, d'aiguiser leur esprit, de faire parade de la fertilité de leurs ressources. Les Grecs avaient donné à de tels exercices le nom d'ἄδοξοι ὑποθέσεις (thèses paradoxales); on les appelait en latin *materiæ infames* (sujets insoutenables).

Aulu-Gelle nous apprend que Favorin n'avait pas jugé indigne de lui d'employer son éloquence à de tels exercices, et qu'il avait écrit un *Éloge de Thersite* et une *Apologie de la fièvre quarte*.

Mais pour qu'aucune déconsidération n'en puisse rejaillir sur son maître, il a bien soin de nous dire que ces jeux d'esprit n'occupaient pas seulement les sophistes. Les philosophes eux-mêmes les croyaient utiles et ne dédaignaient point de s'y appliquer.

Voici d'ailleurs en quels termes s'exprime Aulu-Gelle [1] :

« Les sujets *infâmes*, ou, si l'on préfère, *insoutenables (inopinabiles)*, que les Grecs nomment ἄδοξοι ὑποθέσεις, ont tenté non-seulement les sophistes, mais aussi les philosophes. Et notre Favorin prenait un très grand plaisir à traiter ces sortes de sujets, persuadé qu'ils étaient propres à tenir l'esprit en éveil, à le familiariser avec les arguments subtils, à le prémunir contre les difficultés.

« Ainsi, lorsqu'il fit l'éloge de Thersite et l'apologie de la fièvre quarte, il trouva des choses charmantes, d'une piquante originalité, qu'il a consignées dans ses livres.

« En faveur de la fièvre quarte, il invoqua le témoignage de Platon, suivant lequel un homme atteint de cette maladie jouit, après sa guérison, d'une santé beaucoup plus robuste qu'auparavant.

[1] Liv. XVII, ch. xii; *De materiis infamibus, quas Græci* ἀδόξους *appellant, à Favorino exercendi gratiâ disputatis.*

« Dans cette même apologie, il plaisante d'une façon fort agréable sur cette idée: il y a, disait-il, un vers dont une longue expérience a montré la vérité: « Les journées sont tantôt des marâtres, tantôt des mères. » Ce qui veut dire que nul ne peut être bien tous les jours: on est bien pendant une journée et mal pendant une autre. Puisque les choses humaines vont ainsi, que le bien et le mal se succèdent alternativement, on doit bénir une fièvre qui ne revient qu'après un intervalle de deux jours: c'est une seule marâtre pour deux mères. »

Il faut évidemment considérer comme une œuvre de sophiste trois discours indiqués par Philostrate:

*Sur le bavardage*, ἐπὶ τῷ λήρῳ;

*Sur les gladiateurs*, ὑπὲρ τῶν μονομάχων;

*Sur les bains*, ὑπὲρ τῶν βαλανείων.

Philostrate loue ces trois discours. Ils lui paraissent, dit-il, « authentiques et bien composés [1]. »

---

[1] ... γνησίους τ' ἀποφαινόμεθα καὶ εὖ ξυγκειμένους.

Après avoir dit que Favorin écrivit des livres de philosophie, Suidas ajoute qu'il fut aussi l'auteur de nombreux travaux historiques; mais il ne cite aucune de ses productions relatives à l'histoire.

Favorin avait cependant composé deux ouvrages historiques d'une grande importance.

Les compilations étaient alors fort en usage. Les gens instruits aimaient à prendre des notes. Ils copiaient dans les livres qu'ils lisaient tous les passages qui les avaient frappés; ils rédigeaient ce qu'ils apprenaient en écoutant des leçons ou en participant à de doctes entretiens; ils y mêlaient le fruit de leurs propres inspirations, le résultat de leurs découvertes, et ils composaient ainsi des recueils, de vastes encyclopédies qui résumaient toute la science du temps.

Tous les lettrés entreprenaient des collections de cette nature. Philostrate dit expressément qu'Hérode Atticus avait laissé, outre de nombreuses épîtres et dissertations, « des éphémérides, des manuels, des anthologies contenant en abrégé ce qu'il y avait de plus intéressant dans l'érudition antique [1]. »

Les *Nuits attiques* nous offrent un spécimen de semblables travaux.

Dans une sorte d'épilogue, destiné peut-être à servir de préface au recueil, mais certainement écrit après celui-ci, Aulu-Gelle a indiqué le but et raconté l'histoire de son livre. Le but, c'était de préparer à ses enfants des sujets de délassement intellectuel pour les intervalles de repos que leur laisseraient les affaires. Toutes les fois qu'il rencontrait dans un livre grec ou latin une page plus intéressante, qu'il entendait dire quelque chose de particulièrement remarquable, il en prenait note. Ces notes, recueillies au hasard, constituaient, suivant son expression, « des provisions littéraires [2] » qu'il amassait et mettait en réserve pour aider sa mémoire et lui rappeler plus tard

---

[1] *Vies des sophistes*, liv. II, ch. I.
[2] Quoddam litterarum penus.

tel fait ou tel mot dont il pourrait avoir besoin.

Il explique le titre qu'il a donné à son ouvrage, en disant qu'il l'a commencé pendant les longues nuits d'hiver, à une époque où il résidait à la campagne, aux environs d'Athènes.

Il fait d'ailleurs remarquer combien est modeste ce titre de *Nuits attiques*, en comparaison de tous ceux que choisissent, soit en latin, soit en grec, les auteurs de pareilles compilations.

Les recueils de ce genre devaient être nombreux, à en juger par la multitude de titres que cite Aulu-Gelle et dont il loue l'agrément, l'élégance, le tour ingénieux, « le parfum » : *Les Muses, les Silves, l'Hélicon, la Corne d'abondance, la Ruche, le Parterre, la Prairie, le Verger;* ou dans un autre ordre d'idées : *Lectures, Découvertes, Problèmes, Mélanges, Manuels, Pandectes, Histoire naturelle, Histoire de toute sorte, etc.*

Et justement Aulu-Gelle comprend dans cette liste le nom de l'une des deux compilations historiques de Favorin.

L'un de ces ouvrages avait pour titre : *Histoire de toute sorte*, Παντοδαπὴ ἱστορία.

Il nous est connu surtout par les détails que lui ont empruntés Diogène de Laërte et Étienne de Byzance.

C'était, sans doute, une encyclopédie, ce que nous appellerions aujourd'hui un *dictionnaire de la conversation*, dont les divers articles traitaient d'histoire, de géographie, de grammaire, de littérature, de philosophie.

On pense, d'après une phrase de Photius, que Favorin avait adopté pour son recueil l'ordre alphabétique.

Le patriarche de Constantinople, si tristement célèbre dans les annales de l'Église, a conquis dans l'histoire des lettres une renommée plus pure, grâce à un ouvrage dont il fut l'auteur et qui nous a conservé des renseignements d'un grand prix; c'est sa *Bibliothèque*, sorte de journal littéraire dans lequel il analysait avec un remarquable sens critique tous les ouvrages qu'il avait lus.

Sous le numéro 161, il y inscrit un recueil d'extraits, ou morceaux choisis, Ἐκλογαι, en douze livres, composé par un sophiste nommé Sopater.

« Le troisième livre, dit Photius, avait été formé par Sopater avec des extraits de la Παντοδαπὴ ὕλη, de Favorin, depuis les lettres N, Ξ et suivantes, à l'exception du T, jusqu'à l'Ω. »

Il semble bien résulter de ce texte que l'ouvrage de Favorin était alphabétique. M. Muller (*Fragmenta historicorum græcorum*) est de cet avis. Mais M. Marres, dans sa *dissertatio inauguralis*, le combat. D'après lui, l'ouvrage entier se divisait en vingt-quatre livres, désignés chacun par une des lettres de l'alphabet. Les citations faites par Diogène Laërce sont presque toutes prises dans le huitième livre : l'historien des philosophes n'en mentionne pas de postérieur.

Remarquons que Photius donne à l'ouvrage de Favorin le titre de Παντοδαπὴ ὕλη [1]. Diogène Laërce écrit Παντοδαπὴ ἱστορία. Étienne de Byzance, le plus souvent, se sert du pluriel, Παντοδαπαὶ ἱστορίαι, ou Παντοδαπαὶ tout court. Dans un fragment du géographe, qui a échappé à M. Muller, on lit Παντοδαπὴ ὕλη ἱστορική, et dans un passage de l'*Etymologicum magnum*, Περὶ παντοδαπῆς ὕλης. Il est hors de doute que ces divers titres s'appliquent au même ouvrage.

Le cardinal Maï a publié l'œuvre manuscrite d'un historien latin nommé Julius Valérius. C'est la traduction d'une histoire d'Alexandre-le-Grand. Ce travail porte, en effet, pour titre : *Res gestæ Alexandri Macedonis translatæ ex Æsopo græco*. Il y est fait mention du livre de Favorin.

---

[1] Ὕλη signifie *bois*, *forêt*, et, par extension, *matériaux de construction*, *matériaux quelconques*, *sujet*, *matière de traité ou de discours;* il a pour équivalent le mot latin *Silva*, fréquemment employé comme titre de ces sortes d'ouvrages.

L'auteur, à propos de la généalogie d'A-
lexandre, s'exprime ainsi: « *De eâ ( institu-
tione Alexandri M.) si quid inquirere
curiosius voles , sat tibi , lector, habeto*
Græcum Favorini librum, *qui* OMNI GENERE [1]
HISTORIÆ *superscribitur.* »

Le second recueil historique composé
par Favorin s'appelait Ἀπομνημονεύματα.
C'était un titre sans prétention et déjà usité.
Aulu-Gelle, dans son épilogue, cite, parmi
les titres en usage, celui de *Memoriales.*
Xénophon avait intitulé Ἀπομνημονεύματα
l'ouvrage célèbre consacré par lui au souvenir de Socrate. L'expression française de
*Mémoires* traduirait littéralement le mot
grec; mais la traduction serait impropre,
car, d'après le sens qui prévaut dans notre
langue, *Mémoires* se dit d'un ouvrage où
l'auteur raconte sa propre histoire, les
événements auxquels il a été mêlé, et ne
parle que des personnages près de qui il a
vécu.

[1] Il faut lire *Omnigenæ*; le mot latin *Omnigena* traduit exactement le grec Παντοδαπή.

Cette seconde compilation de Favorin ne nous est connue que par Diogène de Laërte. D'après les extraits qu'il en donne, nous voyons qu'elle se composait de cinq livres au moins.

Il est à présumer que ce recueil avait uniquement pour objet de conserver de nombreux détails relatifs à la vie et aux doctrines des philosophes les plus illustres.

Favorin avait-il composé d'autres ouvrages d'histoire?

Deux indications données par Étienne de Byzance ont soulevé à ce sujet de sérieuses difficultés.

Au mot ᾿Αλεξάνδρεια, on lit chez le géographe: Φαβωρῖνος δὲ, ἐν τῷ περὶ Κυρηναϊκῆς πόλεως, φησί... » Favorin était-il l'auteur, comme cette phrase semble l'indiquer, d'une histoire de la ville de Cyrène? Mais on a fait remarquer, avec juste raison, que, dans ce cas, il aurait tout simplement inscrit sur le titre de ce livre les deux mots: Περὶ Κυρήνης, et ne se serait pas servi, pour désigner Cyrène, de cette forme insolite;

*De la ville Cyrénaïque.* On s'est ingénieusement demandé si le mot πόλεως n'était pas précédé du signe ε'; dans ce cas il faudrait lire : Περὶ Κυρηναϊκῆς Πενταπόλεως, *histoire de la Pentapole Cyrénaïque.* Bernhardy, philologue allemand à qui l'on doit une excellente édition de Suidas, a proposé de lire πολιτείας au lieu de πόλεως; l'ouvrage de Favorin aurait alors traité *de la secte des philosophes cyrénaïques,* secte au sujet de laquelle Cicéron a écrit : « Que pensez-vous des Cyrénaïques? Ce sont des philosophes qui ne sont nullement à dédaigner. Ils nient que quoi que ce soit puisse être perçu extérieurement; ils ne perçoivent, disent-ils, que ce qui agit sur le sens intime, comme la douleur ou le plaisir. Ils prétendent ne pas savoir quelle est la couleur, quel est le son d'un objet. Ils admettent seulement qu'ils éprouvent une certaine sensation, que les sens externes sont affectés d'une certaine manière [1]. » M. Marres hasarde une autre hypothèse. D'après lui, le mot Κυρηναϊκῆς,

---

[1] Cicéron, *Acad.* liv. II.

altération d'un autre mot, aurait été mal à propos intercalé à cet endroit dans les manuscrits; et les copistes, coupables d'une seconde faute, auraient mis πόλεως au lieu de π. ὕλης, abréviation de παντοδαπῆς ὕλης. Cette explication nous paraît forcée.

À la suite du mot Ροπεῖς, Étienne de Byzance ajoute: « ἔθνος οὗ μέμνηται Φαβωρῖνος ἐν Ἐπιτομῇ δ' (τετάρτῃ) τῆς Παμφυλίας. » Quelques-uns ont cru que Favorin avait écrit une histoire de la Pamphylie. Suivant M. Muller, il faudrait placer une virgule avant τῆς Παμφυλίας qui se rapporterait alors à ἔθνος: le nom de Ἐπιτομη s'appliquerait à un abrégé de la Παντοδαπή ἱστορία. D'autres ont proposé de lire Παμφίλης au lieu de Παμφυλίας, Pamphile au lieu de Pamphylie. Avec cette leçon, Pamphile serait l'écrivain dont parlent Photius et Suidas, auteur d'une compilation historique intitulée ἱστορικά ὑπόμνηματα, et qu'Aulu-Gelle a mentionné [1]. Favorin aurait fait un abrégé du recueil de Pamphile,

---

[1] Liv. XV, ch. xvii et xxiii.

comme Sopater en avait fait un de l'un de ceux de Favorin lui-même. M. Marres voit dans les mots Παμφυλίας ou Παμφίλης une erreur de copiste: il est d'avis d'y substituer encore l'abréviation Παντ. ὕλης.

Après avoir parlé des œuvres historiques et philosophiques de Favorin, Suidas termine sa notice par cette phrase: « Οὗτος ἔγραψε καὶ Γνωμολογικά. » Notre philosophe avait composé des recueils de *pensées, sentences* ou *maximes.* C'est évidemment dans un ouvrage de ce genre que Stobée a pris la plupart des fragments qu'il nous a transmis. S'il faut juger de l'esprit de ces *réflexions morales* par le passage dans lequel Favorin dit, de l'humanité, qu'elle excite tantôt la risée, tantôt la pitié, tantôt la haine, et l'admiration jamais, il est permis de supposer que si nous possédions encore les *maximes* du philosophe d'Arles, nous y trouverions assurément une certaine ressemblance avec celles de La Rochefoucauld.

## X X

C'est, — nous l'avons dit en commençant, — sous l'inspiration d'un sentiment de patriotisme que ce travail a été entrepris.

Fils de la vieille Gaule, Favorin d'Arles a sa place marquée parmi les gloires littéraires de la patrie française.

Adopté par la Grèce, devenu illustre dans la capitale du monde romain comme il l'était à Athènes, il n'abdiqua jamais, — remarquons-le bien, — sa qualité de Gaulois. Ses contemporains n'oublient pas qu'il est né sur les bords du Rhône et lui-même le rappelle en toute occasion. Lorsque, à Rome, il disserte sur les vents, il parle des Gaulois comme du peuple auquel il appartient, et il ne manque pas de nommer le vent qui souffle le plus fréquemment dans le pays où il a vu le jour. Et quand il se venge d'Hadrien par une épigramme, il déclare chose étonnante que, « étant Gaulois, » il se soit adonné au grec.

La Provence a plus particulièrement le droit d'être fière de Favorin d'Arles, car on vit surtout briller en lui les qualités qu'elle semble, de préférence, donner à quelques-uns de ses enfants.

Cet esprit fin, alerte, incisif, cette intelligence ouverte et curieuse, cette aptitude à s'approprier les connaissances les plus diverses, cette éloquence harmonieuse et charmante se sont, depuis lors, retrouvés biens des fois chez d'autres personnalités issues du sol provençal, et d'illustres exemples ne nous montreraient-ils pas que la fécondité de cette terre privilégiée n'est point encore épuisée ?

Lucius Vératius, 250.
Lycinus, 74, 77, 80, 81, 84.

Maï (le cardinal), 340.
Manius Curius, 230.
Manlius Torquatus, 203.
Marc-Aurèle, 10, 66, 67, 112.
Marres (Jean - Léonard), 326, 331, 339, 343, 345.
Massurius Sabinus, 237.
Maxime (saint), 4, 17, 286.
Mélitus, 122, 288.
Memnon, 110.
Ménandre, 269.
Métius Suffétius, 259.
Métrius Florus, 137.
Millin, 89.
Miltiade, 106.
Modestin, 99.
Montaigne, 94.
Moschion, 138.
Mucius, 178.
Muller (Charles), 290, 339, 340, 344.
Munatius de Tralles, 113.
Muratori, 13, 14.

Néron, 55, 108, 221.
Nerva, 106.

Niebuhr, 10.
Nicias de Nicopolis, 138.
Nicostrate, 31.
Nigidius Figulus, 226.

Onésime, 155, 302, 329.
Orelli, 89.
Ovide, 200.

Pacuvius, 186.
Pamphile, 74, 77, 81, 344
Panathénaïs, 110.
Pélée, 218.
Petræus, 133.
Phidias, 323.
Philinus, 137.
Philippe de Macédoine, 131.
Philon, 138.
Philostrate, 5, 6, 8, 10, 15, 16, 20, 21, 33, 45, 47, 52, 54, 58, 59, 62, 65 67, 69, 72, 73, 75, 85, 93, 95, 96, 100, 107-109, 113, 118, 119, 140, 156, 327, 328, 334, 335.
Photius, 338-340, 344.
Phrynicus Arabius, 289 330.

Pendant que l'impression de ce volume s'achevait, et tandis que l'auteur attendait avec impatience le jour où il aurait la satisfaction d'offrir son œuvre à l'ami sous le patronage duquel il avait résolu de la mettre, la mort, trop souvent injuste et cruelle, est venue inopinément faucher Anatole Cartier.

Les magnifiques obsèques, où s'est manifestée d'une façon si touchante la douleur populaire, ont fait éclater l'affection profonde dont ses compatriotes l'entouraient.

En décernant à Favorin l'hommage que ce livre a pour but de provoquer, les Arlésiens, qui auront appris combien cette cause eût été chère à leur regretté conseiller général, trouveront l'occasion d'honorer une fois de plus la mémoire d'Anatole Cartier.

AVIGNON. — IMP. AUBANEL FRÈRES.

*Pierre Pena et Mathias de Lobel* (Marseille,
  1899, in-8º, VIII-263 p.)

*La Botanique en Provence au XVI<sup>e</sup> siècle:
  Hugues de Solier* (Marseille, 1899, in-8º, 45 p.)

(Ces deux ouvrages ont obtenu de l'Académie des Inscriptions et
Belles-Lettres la première mention au concours des *Antiquités de la
France* en 1899.)

*L'indigénat en Provence du Styrax officinal*
  (Marseille, 1897, in-8º, 4 p.)

*Le vallon du Dragon à Rognes (Bouches-du-
  Rhône)* (Marseille, 1897, in-8º, 6 p.)

*Notice sur le botaniste Jean Saurin, de
  Colmars, 1647-1724* (Paris, 1899, in-8º, 15 p.)

*L'indigénat en Provence du Buisson-Ardent*
  (Cotoneaster Pyracantha) (Marseille, 1899, in-8º,
  4 p.)

*La Botanique en Provence au XVI<sup>e</sup> siècle:
  Félix et Thomas Platter* (Marseille, 1900, in-8º,
  VIII-93 p.)

EN PRÉPARATION :

*La Botanique en Provence au XVI<sup>e</sup> siècle :
  Léonard Rauwolff. — Jacques Raynaudet.
  — Louis Anguillara.*

*Un botaniste flamand du XVI<sup>e</sup> siècle : Valerand
  Dourez.*

*La Botanique en Provence au XVIII<sup>e</sup> siècle :
  Pierre Forskal* et le Florula Estaciensis.

www.ingramcontent.com/pod-product-compliance
Lightning Source LLC
LaVergne TN
LVHW021216170726
843501LV00003B/537